Le monde magique
de J. K. Rowling

Le monde magique de J. K. Rowling

Interprétation des romans autour de Harry-Potter

Sigrun Strunk

© édition corrigée 2017, Sigrun Strunk
Tous droits réservés, première édition 2015
Traduction de : *J. K. Rowlings magische Welt,* 2014
Editeur : BoD – Books on Demand,
12/14 Rond-Point des Champs Elysées, 75008 Paris
Impression : BoD – Books on Demand, Allemagne

ISBN : 9782322132058
Dépôt légal : Novembre 2016

Table de matières

1 - Introduction

Pourquoi un livre sur Harry Potter? Plusieurs travaux ont déjà été publiés ; mais les quelques-uns que j'ai consultés, sont très insatisfaisants. Ils contiennent des erreurs et inexactitudes qui montrent que leurs auteurs ne connaissent que de façon superficielle les sept volumes et que leurs connaissances du genre de la fantasy est insuffisante. Ainsi un critique français prétend que les histoires autour du magicien de Caporna auraient été écrites à la suite de Harry Potter, ce qui est faux même pour les traductions en français. Il manque également une interprétation qui étudie toute la série des Harry-Potter et pas seulement les cinq premiers volumes.

La question suivante revient régulièrement: Pourquoi est-ce que la série des Harry-Potter est un tel succès mondial? Cela est probablement dû au mélange réussi de divers éléments: aventure, magie, histoires se déroulant dans une école, romans de développement, une dose de chaque genre. Dans le travail présent je mets en lumière quelques aspects qui contribuent au succès comme le mythe du héros enfantin et autres personnages archétypaux. De plus il y a des allusions à la mythologie greco-romaine. Toutefois, même si l'on ne connaît rien de tout cela, le plaisir de la lecture est garanti. Il est inutile d'avoir des connaissances littéraires préalables, pas plus qu'il ne faut être anglais ou au moins connaisseur de la culture anglaise. En effet, le lieu de l'action est bien l'Angleterre, mais une Angleterre imaginaire et rien n'empêche que le lecteur l'adapte à son propre cadre de vie.

Très souvent, lorsque je déclare écrire un livre sur la série des Harry-Potter, j'entends la question: Pour qui écris-tu ? Ma réponse est toujours la même: D'abord pour moi-même et des personnes comme moi qui sont des lecteurs invétérés de Harry-Potter. Mon travail permet d'aborder les aspects essentiels de l'œuvre. Ma deuxième préoccupation est de faciliter aux étudiants désireux d'écrire un mémoire sur Harry-Potter l'accès à ces livres. J'espère que cette première approche et les notes de bas de pages permettront des études plus approfondies sans les erreurs grossières actuelles. L'œuvre de Rowling est riche en possibilités de recherches littéraires et psychologiques. Ainsi je mentionne à peine les interactions entre les protagonistes et la pression de groupe à laquelle ils sont soumis. Plusieurs personnages comme Hermione, Ron, Neville ou encore Drago Malefoy et les deux elfes de maison, Dobby et Winky mériteraient des études détaillées.

Malgré mes études d'allemand qui m'auraient suggéré de rédiger cette interprétation d'après des critères scientifiques, en tenant compte des nombreuses analyses déjà publiées, j'y ai renoncé après quelques hésitations. Non seulement je ne voulais pas céder à la tentation d'écrire à la suite de « xyz » et perdre ainsi mes propres idées de vue; mais encore, cette manière d'écrire est fastidieuse et rebutante pour beaucoup de lecteurs. C'est pourquoi je me suis décidée pour une approche essayiste. Par conséquent, la majorité des notes de bas de pages ne sont que des renvois vers l'endroit de l'œuvre auquel je me réfère ou d'où provient une citation et je ne renvoie que rarement vers de la littérature secondaire. En règle générale je cite d'après l'édition française indiquée dans la bibliographie, ce qui facilite la lecture. A l'origine toutes les citations étaient faites d'après l'édition anglaise.

Cette édition est une traduction de l'allemand. Contrairement à la traduction allemande de la série Harry-Potter, la traduction française de l'œuvre de Rowling change les nomx noms de nombreux personnages. Le choix des noms n'est pas toujours compréhensible et complique la communication avec les lecteurs qui ont lu l'œuvre en anglais.

Note de l'auteur : Comme la première édition de 2015 comportait de nombreuses coquilles, je publie une nouvelle édition. Entre temps la pièce de théâtre *Harry Potter et l'enfant maudit* est sortie en librairie. Bien qu'il ne s'agisse pas d'un roman, j'ai ajouté un chapitre sur la pièce de théâtre.

Novembre 2016

2 - Les genres littéraires dans la série Harry-Potter

Pour comprendre le succès de la série Harry-Potter il est instructif de se pencher sur le genre littéraire. De manière générale, la série fait partie de celles qui sont centrées sur les interactions à l'intérieur d'un groupe d'âge d'adolescents. Toutefois, dans l'ensemble on y trouve trop d'adultes dans des rôles importants. On peut désigner le genre aventure scolaire comme étant le plus important. La fantasy est un genre supplémentaire.

Enid Blyton était l'auteur la plus célèbre d'histoires d'aventures et d'histoires d'internat pour les enfants et les adolescents. Ces livres sont typiques du genre[1].

Les histoires d'aventures: En règle générale on trouve au centre de l'action un groupe de trois à cinq adolescents, des garçons et des filles. Mais le meneur est toujours l'aîné des garçons. L'enfant le plus peureux est toujours une fille. Les aventures se déroulent pendant les vacances scolaires sans qu'il y ait une chronologie visible et, malgré le fait que les séries ont jusqu'à vingt volumes, l'âge des enfants ne change pas. Le meurtre n'est pas thématisé.

Les histoires d'internat: Dans ce cas il s'agit de livres dont l'action se limite au temps scolaire. Les sujets tournent autour des relations sociales, dans le cas des récits d'Enid Blyton, dans des groupes de filles. En même temps, les cours ne sont mentionnés qu'accessoirement ou pas du tout. Ici aussi les protagonistes ont toujours le même comportement, bien que l'action se déroule sur plusieurs années, depuis l'entrée dans l'école jusqu'à l'examen final. Les relations avec les garçons ne sont pas thématisées. Tout comme le corps des enseignants est presque entièrement composé de femmes.

A. Prieger critique la construction typique des histoires d'aventures et d'internat d'Enid Blyton, cette critique vaut également pour beaucoup de séries d'autres écrivains :

« Réduction des dissonances ... d'abord l'illusion du 'réel', la production de la sûreté. Cela est réussi malgré des circonstances de vie irréelles dans la fiction par le biais d'exigences de comportements rigides et connus. Celles-ci semblent être constatées et acceptées par les jeunes lecteurs.

Ensuite Blyton propose à ses lecteurs sans grande influence et qui sont confrontés à des perspectives d'avenir incertaines, prioritairement le domaine où l'activité et le comportement ont des conséquences directes: le niveau des querelles personelles. Qu'elle ne propose pas de perspectives plus étendues, Blyton le justifie par une idéalisation de l'adolescence, dont le statut comme intérim vers l'âge adulte est ainsi nié[2]. »

J.K. Rowling ne partage certainement pas ce point de vue. Bien qu'elle se soumette en apparence aux exigences des genres, sa mise en œuvre est diamétralement opposée à celles de Blyton et des auteurs comparables.

2.1 - Aventures scolaires

La série Harry-Potter a la structure typique des aventures scolaires d'autres écrivains. Nous suivons les héros depuis leur entrée dans l'internat de Poudlard jusqu'à la dernière année scolaire. Les héros sont un groupe de deux garçons et d'une fille de même âge. L'enfant le plus faible dans l'entourage des personnages principaux est Neville Londubat, un garçon. Comme il se doit dans le genre littéraire, ils vivent chaque année une aventure distincte. Cependant les difficultés sont adaptées à leurs savoirs.

Le déroulement de la scolarité suit approximativement celui du système scolaire anglais. Poudlard est un collège avec internat. Pour être admis il faut avoir au moins onze ans et savoir faire de la magie. A quinze ans, c'est à dire à la fin de la cinquième année d'études, on passe un examen qui est comparable au «General Certificate of Secondary Education » (GCSE), qu'on subit normalement un an plus tard. A Poudlard, cet examen s'appelle « Brevet Universel de Sorcellerie élémentaire » (BUSE), en anglais OWL (Ordinary Wizarding Level soit Niveau de sorcellerie ordinaire). Les résultats à cet examen déterminent les matières qu'on pourra étudier pendant les deux années suivantes et quelle carrière professionnelle sera possible. A la fin de la septième année à Poudlard, il y a un examen qui équivaut à l'A-level, NEWT (Nastily Exhausting Wizarding Test[3]), en français ASPIC (Accumulation de Sorcellerie Particulièrement Intensive et Contraignante) encore une fois un an avant l'examen du monde réel. Cependant les magiciens sont majeurs à dix-sept ans. Si l'on compare avec la France, les examens correspondent au brevet des collèges et au baccalauréat. De manière générale, dans de nombreux pays du monde, les orientations importantes ont lieu autour d'un âge similaire, ce qui fait que tous les lecteurs ont suffisamment de connaissances préalables pour ne pas être déroutés par la scolarité et les examens du monde magique.

A la différence d'autres histoires d'aventures avec des groupes mixtes, la fille ne joue pas un rôle subalterne, et Harry aurait régulièrement été perdu sans l'aide d'Hermione.

Contrairement à d'autres séries, les cours constituent une part importante de chaque volume. Tous les professeurs de Poudlard soulignent régulièrement, qu'ils enseignent pour que les élèves comptent un jour parmi les magiciens pleinement formés, qu'ils deviennent donc des adultes. Les élèves ont tellement intégré ce concept qu'il y a de vives protestations, lorsque, dans le volume cinq, le professeur Ombrage décrète la sorcellerie « *appropriée à l'âge* », « *sans risques* ». Comme personne ne sera attaqué dans l'enceinte de l'école, professeur Ombrage ne voit aucune raison d'enseigner autre chose que la théorie. « *Ici, nous sommes dans une école, Mr Potter, pas dans le monde réel[4].* » D'après Ombrage les élèves doivent apprendre pour l'école et non pour la vie. Les autres professeurs ne partagent pas ce point de vue.

2.2 - Des histoires de pension

Comme c'est le cas dans la série « Malory School » d'Enid Blyton[5] les élèves sont répartis dans des maisons. Chaque maison a son professeur principal: McGonagall à Gryffondor, Rogue à Serpentard, Chourave à Poufsouffle, Flitwick à Serdaigle. A l'intérieur des maisons, des élèves des classes supérieures sont nommés par la direction pour remplir des fonctions de surveillance. Les cours et le temps libre sont passés majoritairement avec des élèves de la même maison.

Comme Poudlard n'est pas un internat ordinaire, puisque l'on y apprend la sorcellerie, il n'est pas étonnant qu'on fournisse des informations quant aux contenus de certaines matières au lecteur. Le plus souvent il s'agit de scènes pendant des cours de métamorphose, potions et sortilèges. Dans le cas de matières telles que l'arithmomancie ou encore l'étude des runes, il n'y a guère autre information que le nom. Il y a plusieurs exemples qui montrent ce qui arrive si l'on se trompe dans l'exécution du travail. Par la suite ce qui est appris est toujours utilisé à l'avantage de l'élève. C'est le cas du sortilège de désarmement, *Expeliarmus,* de la deuxième année. Un sortilège que Rogue montre aux élèves et qui s'avère très utile contre Lockhart, ou encore le sortilège d'attraction dans le volume quatre qui permet d'avoir un balai à portée de la main pour combattre un dragon. Les examens ne sont pas non plus négligés. Dans le cas d'examens particulièrement importants, ce fait est souligné aussi bien par les professeurs que par une Hermione zélée. Souvent Rowling fait démarrer les événements majeurs de l'aventure juste après l'examen de fin d'année.

Dans *l'école des sorciers* l'aventure décisive débute dans la nuit après le dernier examen et sur la dernière page nous apprenons que tout le monde a été reçu et accepté en deuxième année.

L'année suivante, dans *la chambre des secrets*, les élèves sont scandalisés parce que les examens sont prévus bien que personne ne sache quel monstre hante le château et que plusieurs élèves pétrifiés se trouvent à l'infirmerie. Mais trois jours avant cette date, Ginny est emportée dans la chambre. Après son sauvetage réussi et la réanimation des jeunes pétrifiés les examens sont annulés. Pourquoi l'auteur fait-elle frapper Jedusor avant les examens? La raison est probablement que la potion qui réveillera les pétrifiés sera prête avant les épreuves. Mais dès que les élèves se réveilleront, ils pourront raconter ce qui les a attaqués. Si Tom Jedusor veut atteindre Harry, il doit frapper avant.

Dans *le prisonnier d'Azkaban*, soit pendant la troisième année, les protagonistes révisent dès le début des vacances de Pâques pour leurs examens. La quantité des devoirs du soir est mentionnée et les épreuves de sortilèges, divination, et défense contre les forces du Mal sont décrites. Après l'interrogation de Harry, juste quand il veut quitter la salle de classe, le professeur Trelawney fait sa seconde prédiction. Comme c'était le cas en première année, l'aventure décisive commence le soir de la dernière épreuve.

Du fait que Harry participe au tournoi des Trois Sorciers, il est exempté des examens dans *la coupe de feu*, ce qui ne signifie pas d'avoir du temps libre. Il s'assoit au fond de la salle d'examen et apprend des sortilèges qui pourraient être utiles lors de la troisième épreuve du tournoi. La compétition finale a lieu le soir du dernier examen.

L'ordre du phénix se déroule pendant l'année de BUSE, examen important dans la vie d'un jeune sorcier. Dès le premier jour de cours les professeurs préparent leurs élèves de cinquième année à cet examen important à la fin de l'année[6]. Les résultats seront déterminants pour les choix des matières de l'année suivante et donc, par la suite, pour le choix d'un métier. Comme dans le monde réel, il y a dans le monde magique des conditions préalables à l'exercice de certains métiers.

Cette année, les épreuves ne se déroulent pas sans accrocs. Pendant l'examen pratique d'astronomie, le mercredi de la deuxième semaine d'examens, les élèves sont témoins de la tentative d'arrestation de Hagrid et de sa fuite et voient que Minerva McGonagall qui rejoint le groupe, est à son tour attaquée[7]. Le jeudi après-midi au milieu de l'épreuve d'histoire de la magie, Harry a la vision de l'apparente torture de Sirius par Voldemort et il quitte la salle avant la fin de l'examen. Immédiatement après la grande aventure finale débute[8].

Dans *le Prince de sang-mêlé*, c'est Ginny qui révise pour les BUSEs et Hermione avertit Harry pour qu'il n'empêche pas Ginny de travailler[9]. Harry de son côté a des cours

15

particuliers chez Dumbledore, qui doivent le préparer à sa tâche, c'est à dire l'anéantissement de Voldemort. Après la mort de Dumbledore les cours sont suspendus, les examens sont remis à plus tard, mais pas annulés[10].

Dans le dernier volume (*les reliques de la Mort*) qui se déroule pendant l'année terminale à Poudlard, les trois protagonistes ne retournent pas à l'école. C'est pourquoi le lecteur n'apprend pas grand chose sur la vie scolaire. Les épreuves qu'ils doivent surmonter pendant toute cette année sont de toute façon considérablement plus difficiles qu'aucun examen scolaire ne peut l'être. Par diverses voies, ils reçoivent des informations sur la vie à Poudlard. On apprend que l'affirmation d'Ombrage, deux ans plus tôt, que l'école serait séparée de la vie de l'extérieur n'est qu'un mensonge. La réalité entre dans les salles de classe sous les traits des frère et sœur Carrow et de leurs méthodes éducatives douteuses. Deux ans auparavant Ombrage désapprouvait que le faux Maugrey montre les sortilèges impardonnables aux élèves. Ces deux-là veulent que les élèves pratiquent le sortilège *doloris* sur d'autres élèves[11]. Les trois fugitives apprennent également que Ginny et ses amis ont tenté de voler l'épée de Gryffondor, qui est gardée dans le bureau du directeur et que Luna Lovegood a été enlevée par les mangemorts quand elle rentrait à la maison pour les vacances de Noël. Ceci en représailles contre son père, dont les articles de journal ne sont pas conformes aux vues du régime. L'école n'est plus un lieu protégé. Après la dernière bataille contre Voldemort et ses mangemorts, quand beaucoup des élèves les plus âgés, ceux qui ne voulaient pas être évacués, sont morts ou blessés et que le bâtiment de l'école est en grande partie dévasté, l'année scolaire se termine sans examens scolaires. Les épreuves de la vie les supplantent.

A la différence des histoires de pensionnat classique, l'enseignement n'est pas accessoire, mais une part décisive de l'action. En outre les personnages évoluent. Ils deviennent plus mûrs. Si l'on souligne ce développement visible des personnages, on pourra lire la série comme des romans d'apprentissage.

2.3 - Fantasy

La série appartient aussi au genre de la fantasy pour enfants et adultes qui a une longue tradition en Angleterre et aussi en Allemagne. Font partie, entre autres, des prédécesseurs: Edith Nesbit, C.S. Lewis « *Chroniques de Narnia* », Diana Wynne Jones (par exemple « *les magiciens de Caporne* ») et bien sûr J.R.R. Tolkien. Rowling cite « *Le cheval d'argent* » d'Elizabeth Goudge comme étant une lecture importante pendant son enfance.

La fantasy moderne prend ses sources au dix-neuvième siècle. En Allemagne le romantisme cherche l'inspiration dans les histoires de chevalerie du moyen-âge et dans les contes de fée. Les aventures fantastiques, les événements féeriques et les histoires de revenants sont populaires. Le représentant le plus connu, à l'extérieur de l'Allemagne est Ernst Theodor Amadeus Hoffmann (1776-1822). En langue anglaise on peut citer Edgar Allan Poe (1809-1849) et *Drakula* (1897) de Bram Stoker. Sur ces modèles ainsi que d'autres tel que l'Edda poétique et la chanson des Nibelungen, les auteurs mentionnés ci-dessus créent leurs œuvres. L'alchimie est également liée à ces sujets, dans les Harry-Potter elle n'est pas seulement mentionnée pendant la recherche de la pierre philosophale et de l'élixir de vie mais elle joue également son rôle dans les cours de potions.

Les éléments fantastiques sont fondamentaux pour les Harry-Potter. Dès la première page ils donnent le ton avec l'apparition d'un chat qui lit, en réalité la sorcière Minerva McGonagall, d'un magicien et d'une moto volante. Par la suite nous rencontrons des dragons, des chiens avec plusieurs têtes, des elfes de maison et des centaures, parallèlement aux éléments des histoires d'aventures classiques comme des passages secrets et des énigmes qu'il faut résoudre. Rowling se sert de personnages connus et en ajoute de nouveaux comme les détraqueurs et les scroutts à pétard. S'y ajoutent des détails inattendus associés à beaucoup d'humour. Par exemple, on apprend que les monstres ne sont pas si dangereux que cela, du moins si on les regarde avec les yeux de Hagrid, qui est convaincu que ce sont des êtres mal compris et dociles si seulement on découvre comment les tenir avant d'être dévoré.

Le mélange réussi de différents genres littéraires est décisif pour le succès planétaire de la série. En effet chaque lecteur trouve assez d'éléments, qui correspondent à un schéma qu'il connaît, ce qui facilite l'assimilation des composants inhabituels. Ainsi un lecteur de romans d'aventures, qui habituellement ne lit pas de fantasy, peut apprécier les histoires, car les animaux fantastiques qui apparaissent, jouent certes des rôles parfois importants, mais sans être au centre des intrigues. A part Hagrid, aucun des personnages n'en est enthousiasmé. Le lecteur peut facilement s'identifier à Ron ou Hermione, qui ne veulent pas avoir affaire à eux. On peut juste survoler les paragraphes qui leur sont consacrés. Tandis que les fans de fantasy trouvent assez de précisions, permettant de s'imaginer les scènes dans les moindres détails en s'aidant des informations lues dans les œuvres d'autres auteurs. Ceux qui n'en ont toujours pas assez, peuvent se procurer le petit livre de Rowling « *Les animaux fantastiques* ». Le style d'écriture ouverte, les descriptions des lieux minimalistes et la structure narrative linéaire, tout cela contribue au succès des livres.

3 - Le monde magique

Comme beaucoup de romans qu'ils soient écrits pour des enfants ou des adultes, Harry-Potter joue dans un monde parallèle, qui fait seulement semblant d'être le nôtre. Beaucoup de points d'orientations sont issus du monde connu, ce qui permet un accès facile à la narration. Partant de ces points d'ancrages Rowling développe son propre monde littéraire, où il y a des règles et interdits qui lui sont propre. Ainsi Harry Potter a une date et un lieu de naissance précis, mais il est vain de chercher la commune sur une carte d'Angleterre. Comme il est généralement admis qu'il n'existe pas de sorciers et de magiciens, il est inutile d'ajouter une mise en garde du genre « tous les personnages et événements sont sortis de l'imagination de l'auteur ». Le fait que le personnage principal grandisse dans le monde non-magique et apprend seulement le jour de son onzième anniversaire qu'il est un magicien, facilite encore plus l'immersion du lecteur dans le récit. En même temps que Harry Potter nous découvrons, pas à pas, ce monde nouveau et ses règles.

Des sorciers dont les deux parents sont également sorciers sont parfois appelés des sang-pur. Plus la lignée d'ancêtres au sang-pur est longue, plus sa réputation est grande. Vu le petit nombre de familles au sang-pur, ces membres sont tous des parents plus ou moins éloignés. Toutefois, avoir du sang-pur ne signifie pas qu'on sait mieux faire de la magie. Ainsi Hermione Granger, dont les parents sont des moldus, est la meilleure élève de sa promotion, au grand déplaisir de Drago Malefoy. Les résultats de Hermione sont bien meilleurs que les siens, qui est pourtant un sang-pur. Il n'y a même pas de garantie, que chaque enfant né d'une famille de sorciers sache faire de la magie. Un descendant de sorciers qui ne sait pas faire de la magie est appelé Cracmol[12]. En règle générale les parents d'un tel enfant s'efforcent de l'intégrer dans le monde des moldus. Argus Rusard, le concierge de Poudlard et Arabella Figg, une voisine de la famille Dursley sont des cracmols et la grand-mère de Neville Londubat a craint pendant longtemps que le petit en soit un.

Les enfants issus de mariages entre sorciers et moldus sont parfois désignés comme des sang-mêlés. Ce groupe semble fournir le gros de la communauté et beaucoup de sorciers doués sont issus de ces familles, parmi eux Tom Jedusor qui deviendra Voldemort. Certains magiciens insultent ceux dont les parents sont moldus du terme de « sang de bourbe ». Le rejet des sorciers issus de l'union d'un humain et d'un géant est encore plus important comme c'est le cas de Hagrid et de madame Maxime. C'est pourquoi ils préfèrent dire qu'ils ont de grands os.

Des gens qui ont été mordus par un loup-garou et qui en deviennent donc un à leur tour, comme c'est le cas de Remus Lupin, sont également fuis. Tandis que Dumbledore, en tant que directeur, accepte tout le monde sans égard à ses origines à Poudlard, du moment qu'il sait faire de la magie, Dolores Ombrage non seulement les rejette, mais dans sa fonction de sous-secrétaire d'état elle fait tout pour leur rendre la vie difficile.

Lorsque Voldemort, qui place les sang-purs au-dessus des autres, reprend le pouvoir, elle utilise son influence pour faire enregistrer tous les « sang de bourbe» et les exclure de la fréquentation de l'école. Sa façon de faire et son langage ressemblent beaucoup à ceux des national-socialistes et leur hygiène raciale qui prônait une race d'aryens de sang pur. A cette époque chaque Allemand était obligé de prouver son statut d'aryen, des ancêtres juifs justifiaient l'exclusion de la majorité des métiers. Dans ce nouveau monde magique, et par analogie, les loup-garous ont interdiction d'exercer un métier et les sorciers descendants de moldus ne sont plus reconnus, leurs baguettes magiques sont confisquées et Ombrage va jusqu'à les accuser de vol de la baguette magique pourtant achetée et conséquence logique du vol de magie[13]. Dans ce contexte la possibilité d'un tel vol n'est pas débattue. Les buts sont l'avilissement et l'humiliation.

Il n'y a que peu de points de rencontre entre les sorciers et les moldus sans pouvoir magique. Les entrées des différents lieux magiques se trouvent à Londres à des endroits réellement existants, la gare Kings Cross, d'où part le train pour Poudlard sur la « voie neuf-trois-quarts », ainsi que dans une rue commerçante connue (Charing Cross Road), où un pub insignifiant mène à son équivalent magique. Le ministère de la magie et l'hôpital se trouvent également dans le centre de Londres. Seul les sorciers sont capables de voir ces lieux d'entrée et de les utiliser. Les contacts entre les communautés se limitent aux familles où au moins l'un des membres a des pouvoirs magiques. Seule la famille proche est au courant du monde magique. Le savoir est caché aux parents éloignés. C'est pourquoi la mémoire de tante Marge est modifiée après que Harry l'ait fait gonfler comme un ballon[14]. Pour garantir la conservation du secret, il y a le « code du secret ». Celui qui enfreint cette loi est puni, le genre de punition et la sévérité étant laissées à la discrétion du ministère. Ainsi il n'y a aucune punition quand Harry gonfle sa tante, tandis qu'il est déclaré responsable quand l'elfe de maison Dobby, l'année précédente, fait de la magie et à cause de cet incident il reçoit un avertissement écrit[15]. Lorsqu'il recourt à la magie avant le début de la cinquième année scolaire, - cette fois dans une situation exceptionnelle permise par la loi, - on le menace de l'exclusion de la communauté magique[16].

Au niveau officiel il n'existe qu'un contact vague entre le ministre de la magie et le premier ministre du Royaume Uni. La prise de contact se fait exclusivement à l'initiative du ministre de la magie et elle est plutôt un geste de politesse grotesque qu'une nécessité. C'est seulement, quand il y a le risque que Voldemort et ses mangemorts attaquent le gouvernement des moldus, que les sorciers placent un magicien parmi les collaborateurs directs du premier ministre[17].

Pour des raisons que les romans n'approfondissent pas, au dix-septième siècle les sorciers ont décidé de disparaître de la vie publique. Hagrid explique à Harry que sinon les moldus voudraient que les sorciers règlent leurs problèmes par magie. Mais il n'y a pas que cela. Dans ce cas chaque parti politique aurait des sorciers de son côté, ce qui aurait comme résultat que les conflits ne se règleraient pas plus facilement, mais qu'ils risqueraient de dégénérer rapidement de manière imprévisible. Harry et ses amis voient à l'hôpital Ste Mangouste des exemples de blessures causées par des sorts jetés durant des disputes en famille[18]. Quand Fudge parle au premier ministre des attaques de Voldemort, ce dernier demande naïvement pourquoi la communauté ne règle pas les problèmes par magie. Il a la réponse laconique : « *L'ennui, monsieur le Premier Ministre, c'est que l'autre camp aussi pratique la magie[19]* ».

Le monde magique est curieusement rétrograde comparé au nôtre. Sa technique est restée en l'état des connaissances de la fin du dix-neuvième, début du vingtième siècle. L'un des engins les plus modernes est le train à vapeur qui emmène les élèves à Poudlard. Le bus volant le « Magicobus » n'est utilisé qu'à contre-cœur par les sorciers, ce qui est en grande partie dû à son mauvais conducteur. Des voitures ou motos détournées sont réprouvées. Quelqu'un, comme Arthur Weasley, qui est enthousiasmé par la technique des moldus est considéré comme un plaisantin et souvent traité avec dédain. La majorité des sorciers est très conservatrice. Non seulement en ce qui concerne les habits, mais de manière générale tout ce qui est nouveau ou étranger est considéré avec méfiance. Un moyen de transport souvent utilisé est le balai, mais tous ne l'apprécient pas. Hermione par exemple n'aime pas beaucoup voler,qu'il s'agisse d'un balai ou d'un sombral. L'un des inconvénients du balai est le manque de protection contre le mauvais temps et le froid. On a l'impression qu'un balai convient mieux au sport qu'à l'utilisation au quotidien. Une autre possibilité de voyager sur de longues distances est la poudre de cheminette. Elle permet de voyager d'une maison reliée au réseau à une autre. Ce n'est pas non plus très confortable. On reste au sec mais c'est étroit et plein de suie. Une mauvaise prononciation du lieu d'arrivée risque de mener dans une cheminée inconnue. On peut également faire du « transplanage », aller presque instantanément de A à B, une « téléportation » qui ressemble à celle de la série « Star Trek ». Cette technique demande beaucoup d'entraînement et de concentration. Si cette dernière fait défaut, peuvent survenir des accidents graves au cours desquels des parties du corps plus ou moins grandes restent au point de départ. C'est pourquoi il faut réussir son examen de transplanage qu'on peut passer dès la majorité.

Comme il est interdit de transformer les véhicules des moldus par magie, bien que le ministère ait des voitures qui ne se comportent pas comme des voitures ordinaires[20], l'automobile n'est pas adaptée aux voyages en famille à l'aide de la magie. Dans d'autres pays existent bien des tapis volants, qui seraient appropriés au transport familial, mais même des sorciers ouverts comme Arthur Weasley s'opposent strictement à leur importation[21]. Les « portoloins » sont des objets ordinaires de la vie quotidienne qui ont été transformés par magie et qui, lorsqu'on les touche au bon moment transportent la personne à un endroit prédéfini. Ils sont utilisés lors du championnat du monde de quidditch et sont, comme les autres moyens, contrôlés par le ministère de la magie. Leur utilisation est plutôt rare.

3.1 - L'administration et les lois des sorciers

Une administration importante est rattachée au ministère de la magie. Le bâtiment est caché sous Londres et comporte dix étages. Tout en haut le bureau du ministre et de ses secrétaires et tout en bas, le département des mystères, et là où l'ascenseur ne descend plus, les salles du tribunal.

<u>Niveau un</u> : Ministre de la Magie et cabinet du ministre[22].

<u>Niveau deux</u> : Département de la justice magique, Service des usages abusifs de la magie, Quartier général des Aurors, Services administratifs du Megenmagot. (C'est l'étage où travaille M Weasley.)

<u>Niveau trois</u> : Département des accidents et catastrophes magiques, Brigade de réparation des accidents de sorcellerie, Quartier général des Oubliators, Comité des inventions d'excuses à l'usage des Moldus.

<u>Niveau quatre</u> : Département de contrôle et de régulation des créatures magiques, section des animaux, êtres et esprits, Bureau de liaison des gobelins, Agence de conseil contre les nuisibles.

Niveau cinq : Département de la coopération magique internationale, Organisation internationale du commerce magique, Bureau international des lois magiques, Confédération internationale des sorciers, section britannique.

Niveau six : Département des transports magiques, Régie auto-nome des transports par cheminée, Service de régulation des balais, Office des Portoloins, Centre d'essai de transplanage.

Niveau sept : Département des jeux et sports magiques, Siège des ligues britanniques et irlandaises de Quidditch, club officiel de Bavboules, Bureau des Brevets saugrenus.

Niveau huit : Atrium

Niveau neuf : Département des mystères - les ascenseurs s'arrêtent à ce niveau.

Niveau dix : Salles d'audience[23].

Les nombreux départements couvrent toutes les parties de la société. Il y a des lois et règles pour toutes les questions. Ainsi, l'importation de produits dangereux et de certains animaux, comme des dragons, est en principe interdite. Les personnes qui utilisent un des trois sortilèges impardonnables contre quelqu'un d'autre et se font prendre, sont jetées dans la prison des sorciers, Azkaban. Cette prison se trouve sur une île et est gardée par des détraqueurs, qui font perdre tout espoir aux humains, les rendant apathiques. Ainsi on n'a pas besoin de prendre des mesures de sécurité supplémentaires.

Jusqu'à l'âge de onze ans les enfants ont le droit de faire de la magie, parce qu'ils le font sans le vouloir, sans qu'ils puissent s'en empêcher. C'est aux parents de faire en sorte que les moldus ne s'aperçoivent de rien. Dès que les enfants sont admis à Poudlard, ils n'ont plus le droit de faire de la magie à l'extérieur de l'école. Le ministère surveille l'application de cette règle. Toutefois, il fait confiance aux parents qui doivent être vigilants. En effet, uniquement dans le cas d'un jeune sorcier qui habite seul dans un quartier de moldus, comme Harry Potter, on peut partir du principe qu'il est l'auteur d'un sortilège découvert. Mais dès le premier avertissement que Harry reçoit, on voit qu'il est presque impossible de surveiller le respect de la loi. En effet, il reçoit l'avertissement pour un sortilège prononcé par un elfe de maison.

Il y a des sorciers qui sont capables de se transformer en animaux. On les appelle animagi. Leur existence est également réglementée. Un animagus doit s'enregistrer auprès du ministère, en indiquant les signes particuliers de son animal. Hermione découvre qu'il n'y a que sept animagi qui se sont enregistrés au cours du vingtième siècle[24]. Leur nombre réel doit être beaucoup plus élevé. Car dans la série nous en rencontrons quatre, James Potter, Sirius Black, Peter Pettigrow et Rita Skeeter.

Poudlard ne dépend pas du ministère, ce qui change quand Dolores Ombrage devient professeur à l'école. Elle est une secrétaire ministérielle et, en relation étroite avec le ministre, elle fait en sorte que ce ne soit plus le directeur qui dirige l'école, mais la Grande Inquisitrice Ombrage. Elle réduit de plus en plus la liberté des professeurs et des étudiants, en faisant chaque fois valider sa démarche par un décret ministériel.

3.2 - Les fêtes

Les deux fêtes les plus importantes du monde magique sont le soir du trente-et-un octobre, Halloween, et Noël. A chaque fois la grande salle est décorée pour l'occasion. Le soir de Halloween avec d'énormes citrouilles évidées et des chauves-souris vivantes, à Noël avec douze sapins décorés. Autour de Pâques il y a bien des vacances mais pas de fête. Toutefois certains élèves reçoivent des œufs de Pâques de leurs parents. A la différence des vacances de Noël ils ne rentrent pas non plus à la maison, mais restent à l'école pour se préparer aux examens à venir. Comme aux cours des épreuves pratiques, il faut montrer qu'on maîtrise les formules magiques, cela paraît cohérent, étant donné qu'il est interdit de faire de la magie à l'extérieur de l'école.

Pour les occasions importantes dans la vie des sorciers il y a des maîtres de cérémonie. A la surprise de Harry, c'est le même sorcier qui prononce le discours à l'enterrement de Dumbledore et au mariage de Bill et Fleur. Toutefois, comme il ne s'intéresse pas aux cérémonies, le lecteur n'apprend rien de précis non plus. Le succès planétaire des romans de J.K. Rowling tient probablement aussi au fait qu'elle s'abstient de toute allusion au christianisme ou toute autre religion. Ainsi, après la mort de Cédric Diggory on boit un verre à sa mémoire, rien de plus.

Il convient toutefois de noter que les inscriptions sur les tombeaux des parents de Harry et de la mère et la sœur de Dumbledore sont des citations de la Bible. « *Le dernier ennemi qui sera détruit, c'est la mort*[25]. » « *Là où est ton trésor sera aussi ton cœur*[26][27]. » Bien que j'aie découvert cela grâce à un article de Axel Schmitt, il n'empêche que ce sont des citations de la Bible très connues. Ainsi Wikipédia en anglais possède depuis 2005 un article « *Matthew 6:21* » et depuis 2008 « *1 Corinthians 15* ». Dans ce dernier il est souligné que ce chapitre est traditionnellement le thème du sermon du dimanche de Pâques. La citation de Matthieu se trouve dans le Sermon sur la montagne. Il est certains que les deux ont été gravés sur de nombreuses pierres tombales et elles sont utilisées dans des lettres de condoléances[28]. Ce n'est donc pas forcément un signe de grande religiosité de les connaître. Bien qu'il existe des travaux en plusieurs langues qui interprètent les aventures de Harry Potter d'un point de vue exclusivement chrétien, je suis de l'avis que cette approche, à priori intéressante, n'est pas en lien avec la popularité mondiale des livres. Car c'est justement la neutralité religieuse qui est la condition du succès des histoires.

L'année où Gilderoy Lockhart enseigne à Poudlard, il essaie d'introduire la fête de la saint Valentin, ce que les autres professeurs désapprouvent, en particulier McGonagall et Rogue. Ils ne disent rien, mais cela se lit sur leurs visages. Chez les étudiants aussi le succès est mitigé. Trop grand est le risque de devenir la risée des autres parce qu'un nain laid vous transmet une chanson d'amour[29]. Toujours est-il qu'après le départ de Lockhart il n'y a pas de tentative de faire de la fête de la saint Valentin une nouvelle tradition.

3.3 - Loisirs et sports

A Poudlard, il y a beaucoup de clubs et d'associations dans lesquels les étudiants se retrouvent pour organiser leur temps libre. Nombre de leurs jeux ressemblent à ceux que nous connaissons.

Ainsi existe l'échec des sorciers, qui se joue avec les règles classiques des échecs, mais les figurines exécutent les déplacements seules et font des commentaires, surtout si le joueur est un débutant. Dans ce cas elles donnent des conseils ou leur avis, et pas forcément de façon intelligente. Quant à la stratégie, chaque figurine défend plutôt en premier lieu son intérêt propre. Chacune semble vouloir rester sur l'échiquier en partant du principe qu'elle aura plus de valeur qu'une autre pour la suite de la partie[30]. Cela désoriente le débutant plus qu'autre chose et a pour conséquence qu'il est moins concentré et a ainsi moins de chances de gagner.

Il y a également des jeux de cartes spéciaux comme la « bataille explosive ». En anglais le jeu s'appelle « *Snap explodes* ». Ce qui donne une ressemblance avec Snape (nom de Rogue dans l'original). Snap est un jeu de cartes pour enfants où l'on doit crier « snap » pour remporter des cartes. On peut également construire un château de cartes. Mais si le château s'effondre tout simplement dans le monde ordinaire, il explose s'il perd l'équilibre dans le monde magique.

Dans le club de bavboules, cela semble être surtout les élèves les plus jeunes, qui jouent un jeu de même nom. Il s'agit d'une sorte de jeu de billes, où la bille dégage un liquide puant si le joueur perd un point[31].

3.3.1 - Quidditch

Le sport le plus connu dans le monde des sorciers est le quidditch. Pour faire partie de la communauté des sorciers, il faut savoir ce qu'est le quidditch. Harry découvre cela dès sa toute première visite dans le Chemin de Traverse. L'ignorance mène à l'exclusion. La popularité du jeu est semblable à celle du football. Même les professeurs sont fans et font tout ce qui pourrait aider l'équipe de leur maison à gagner. Ainsi McGonagall ne punit pas Harry quand il vole sans y être autorisé, mais le fait entrer dans l'équipe de sa maison, bien qu'il ne soit qu'en première année, ce qui n'est pas arrivé depuis cent ans[32]. Rogue, directeur de Serpentard, favorise aussi systématiquement l'équipe de sa maison. Même Albus Dumbledore est un fan de quidditch. En règle générale les jeunes sont pour l'équipe de leur maison. Si celle-ci ne joue pas, les élèves soutiennent l'une ou l'autre des équipes suivant leur préférence personnelle ou suite à des réflexions tactiques. Comme les Serpentards ont gagné la coupe plusieurs années de suite et sont devenus assez arrogants, Serdaigle et Poufsouffle soutiennent majoritairement Gryffondor, quand cette équipe a la possibilité de gagner la coupe[33].

Ce sport n'existe que dans le monde magique, c'est pourquoi venant du monde ordinaire, on cherche d'abord des correspondances avec des jeux connus. Dean Thomas qui a grandi dans le monde des moldus, tout comme Harry, était fan de football avant son arrivée à Poudlard et il a souvent tendance à transférer les règles du foot au quidditch, comme lorsqu'il hurle « carton rouge »[34]. D'un autre côté Harry pense en premier lieu au basket-ball quand Olivier Dubois lui en explique les règles[35]. Comme on joue avec les mains, c'est compréhensible. Toutefois on peut aussi voir des parallèles avec le baseball et le cricket, en ce qui concerne l'utilisation de battes pour dévier les cognards. Les règles de jeu sont relativement faciles. C'est un sport pour deux équipes de sept joueurs, quatre ballons et trois cercles de buts de chaque côté du terrain. Il y a un gardien de but, deux batteurs qui doivent surveiller les deux cognards en fer pour les empêcher de blesser ou faire tomber du balai les autres joueurs de l'équipe, tandis que les trois poursuiveurs essaient de jeter le souaffle à travers les cercles, ce qui apporte dix points à l'équipe. Le septième joueur est l'attrapeur et doit découvrir et se saisir du minuscule vif-d'or ailé. Le jeu se termine quand le vif-d'or, qui vaut cent-cinquante points, a été attrapé. Pour gagner, il est important d'avoir une stratégie et suivant les circonstances, d'attraper le vif-d'or le plus rapidement possible ou au contraire, seulement si l'équipe a déjà fait un minimum de buts.

Le quidditch est un sport brutal. Bien qu'il y ait des centaines de fautes possibles, il semble que la seule sanction est le penalty. En effet, les cognards sont spécialement ensorcelés de manière à se diriger constamment sur des joueurs. Les blessures sont considérées comme faisant partie intégrante du jeu. Même les réflexions stratégiques quant à la capture du vif-d'or sont source d'agressivité. Quand l'attrapeur d'en face risque de l'attraper trop tôt, tous les moyens sont bons pour l'en empêcher. Dans ce cas une attaque verbale est le minimum. Les batteurs dirigent un cognard vers sa tête, on le bouscule ou en dernier ressort l'attrapeur adverse s'accroche à son balai[36].

A l'origine le vif-d'or était un oiseau magique, mais comme il fut souvent écrasé quand on l'attrapait, l'espèce risquait l'extinction, et il fallait trouver un objet de remplacement[37]. Depuis il s'agit d'un petit ballon ailé en or, qu'on ne manipule qu'avec des gants lors de sa fabrication, pour qu'il se souvienne de la première personne qui le touche. Ainsi l'attrapeur peut être découvert sans hésitation.

Ce n'est pas parce que J.K. Rowling a inventé le jeu, qu'elle le prend plus au sérieux que d'autres sports. Ses descriptions de nouveaux modèles de balais ressemblent aux publicités typiques pour des nouveaux matériels techniques en tous genres. Par exemple l'accélération est vantée, les nouveaux freins qui font automatiquement penser à l'ABS et autres options plus récentes de voitures. Un modèle de balai qu'acquiert une équipe nationale est forcément meilleure que tous les autres modèles et son exposition dans une vitrine de magasin mène à un attroupement[38]. De même la réaction de Ron à la vue de l'emblème d'une équipe de Quidditch qui a des chances de gagner semble exagérée, en plus d'être déplacée. C'est le commentaire de quelqu'un qui n'entend rien de ce qui se passe autour de lui et réagit par réflexe à certains signes[39]. Comme le quidditch n'existe pas, le lecteur remarquera peut-être le ridicule de beaucoup de discours de notre monde.

3.4 - Pratiques magiques

Les remèdes magiques qui apparaissent régulièrement dans les romans n'émanent pas tous de la fantaisie de l'auteur. Au contraire, pendant des siècles les hommes étaient persuadés de leur efficacité.

Pendant longtemps, le bezoard était considéré comme remède contre de nombreux poisons. En 1567, Ambroise Paré était le premier à prouver par une expérience que cela n'est pas vrai. Un condamné à mort accepta de se faire empoisonner. Si le bezoard le sauvait il devait gagner sa liberté. L'homme mourut après de longues souffrances[40]. Toutefois, cette expérience ne mit pas fin à la croyance dans les pouvoirs de la pierre. Le futur cardinal Richelieu écrivit par exemple en 1611 une lettre de remerciement après la réception d'un bezoard, qui l'aurait guéri d'une maladie grave[41]. La croyance en des remèdes magiques était et est toujours largement répandue. Il est aisé de trouver des recettes pour des potions magiques dans la littérature, par exemple dans le « Malleus Malleficarum » (le marteau des sorcières) de 1486.

Les mages et sorciers ainsi que ceux qui croient en être, font toujours une différence entre magie blanche, c'est à dire bonne, et magie noire, mauvaise. Le mage blanc se sert de ses facultés pour influencer positivement son entourage, c'est à dire induire des effets positifs ou neutres. La limite est toutefois aléatoire. On est en droit de se demander ce qu'il y a de bon dans un élixir d'amour. Il n'est bon qu'aux yeux de celui qui s'en sert. La personne qu'on veut rendre amoureuse, le voit différemment. Ainsi, Harry est offusqué quand il apprend que Romilda Vane veut lui donner un élixir d'amour pour qu'il sorte avec elle[42]. Ron, qui mange finalement les pralinés qui le contiennent a des ennuis avec son amie à cause de cela. De même l'influence de la potion de Merop Gaunt sur Tom Jedusor sénior est limitée. Dès que le sortilège s'affaiblit l'homme s'enfuit.

Il est tout aussi flou de définir la magie noire. Des sortilèges mortels comme *Adava kedavra* en font partie, tout comme les sortilèges *doloris* et *imperium*. Dans l'opinion générale *levicorpus* n'est qu'une farce, Hermione est la seule à contredire[43] en prenant pour preuve les événements lors du championnat de Quidditch. Avant que Rogue n'accuse Harry de magie noire parce qu'il utilise *sectumsempra*, il n'a jamais pensé considérer les notes du prince-de-sang-mêlé comme en faisant partie. Le professeur Ombrage d'un autre côté va jusqu'à l'interdiction de sortilèges qui bloquent de la magie noire, comme si elle les soupçonnait d'être utilisés contre le ministère. C'est comme si un sortilège de magie noire n'en était plus un si c'est un fonctionnaire qui l'utilise, tandis que simultanément un sortilège neutre ou positif devient noir si l'on s'en sert contre un représentant du pouvoir.

3.4.1 - Divination

A Poudlard la divination est une matière en option. A l'inverse des potions, il n'y a donc pas d'obligation d'y participer. En effet, il s'agit d'une branche de la magie qui est contestée. Beaucoup de professeurs de magie n'y croient pas plus que la majorité des scientifiques du monde réel.

Le professeur McGonagall ne cache pas sa désapprobation[44] et Dumbledore est également sceptique[45]. Toutefois, lorsqu'il entend la prophétie de Sybille Trelawney après son entretien d'embauche, il la dépose au département des Mystères.

A partir de sa troisième année à Poudlard, Harry apprend la divination. Toutefois, ce n'est pas son premier contact avec cette branche de la magie. Pendant sa première année, il est témoin d'une dispute entre les centaures Bane et Firenze dans la Forêt Interdite. Les deux ne sont pas d'accord sur le comportement correct d'un centaure. D'après ce qu'il paraît, les étoiles sont dans des positions défavorables en ce qui concerne un futur assez lointain, d'où Bane déduit qu'il est interdit d'aider Harry dans le présent. Son comportement envers le destin est fataliste. Il suit la devise : « Adviendra, ce qui doit advenir », sans agir, sans faire quoi que ce soit qui permettrait d'infirmer la prédiction. Le futur est décidé dès le présent et il n'appartient pas à un centaure de vouloir le modifier. Tandis que Firenze, qui est beaucoup plus critique à l'égard des étoiles, est convaincu qu'un centaure se doit d'aider un enfant en danger, qu'importe ce que les étoiles prédisent pour l'avenir.

Dans les tomes quatre et cinq, on pose même la question de savoir, si Harry n'est pas lui aussi un voyant. Après tout il lit dans les pensées de Voldemort. Tonks réfute cette supposition en arguant qu'il ne voit pas l'avenir mais assiste au présent de

Voldemort. Il s'agit donc plutôt d'une forme particulière de la télépathie[46].

J.K. Rowling présente la voyance dès le début comme une branche non sérieuse de la magie. Sybille Trelawney et son attitude plein de mysticisme est décrite comme étant ridicule et excentrique, quelqu'un qui s'entoure volontiers d'une aura de mystère. Ce faisant, elle exagère tellement, qu'elle perd toute crédibilité. Ainsi, elle prédit régulièrement la mort imminente de Harry. D'un côté une prédiction souvent répétée qui ne se réalise jamais, ne fait plus beaucoup ou plus du tout d'impression. D'un autre côté, toute la communauté des sorciers est au courant que Voldemort veut tuer Harry, l'affirmation n'est donc pas complètement gratuite, c'est pourquoi on ne peut pas vraiment accepter la prédiction de sa mort comme un acte véritable de voyance.

Comme les astrologues, Trelawney fait des pronostics du futur d'une teneur générale, assez vague. A l'occasion, elle parie sur des prophéties auto-réalisatrices, par exemple quand elle suggère à Neville, le maladroit, de prendre une tasse précise, une fois qu'il aura brisé sa première. Etant donné le manque d'assurance de Neville, qui est convaincu de ne jamais être à la hauteur des attentes des professeurs, la prédiction se vérifie sans surprise. Parvati Patil et Lavande Brown sont impressionnées. Elles sont convaincues des talents du professeur et soucieuses de prouver que les événements prédits se réalisent, tout le contraire de Hermione.

Dès que le lecteur est persuadé de l'incrédibilité de Trelawney, brusquement, on lui présente une prophétie authentique. Bien sûr, on est tenté de rejeter l'épisode comme une fumisterie. Toutefois, ce qui contredit cette interprétation, c'est le fait qu'elle ne semble pas être consciente d'avoir fait une prophétie. Comme l'oracle antique, elle tombe en transe, et parle d'une voix complètement différente. La prophétie qu'elle fait devant Harry Potter à la fin de son examen, ne suit pas le schéma de la dramaturgie typique du professeur. Cette fois-ci, il n'y a pas de spectateurs qu'il faut impressionner. Il n'est pas non plus question d'un accident ou de la mort de Harry. L'annonce est ouverte, n'influence pas directement l'avenir, n'a aucune relation visible avec une personne donnée. D'après tout ce que Harry et les lecteurs savent, elle se rapporte probablement à Sirius Black. Par la suite, il se trouve que ce n'est pas lui, mais son ancien ami Peter Pettigrow, dit Queudver, qui est le serviteur de Voldemort. La seule conséquence, c'est qu'après la fuite de Queudver, Harry part du principe qu'il trouvera Voldemort dans sa cachette.[47] Il prend donc la prédiction au sérieux.

Par contre, la prophétie que Sybille Trelawney fait pendant son entretien d'embauche avec Albus Dumbledore - un an avant la naissance de Harry Potter - a des conséquences dramatiques. Si personne d'autre que Dumbledore l'avait entendue, elle n'aurait pu se réaliser. Mais un partisan de Voldemort en entend une partie et en informe son maître. Par la suite Voldemort tente de déjouer la prophétie en tuant l'enfant qui pourrait devenir une menace pour lui. C'est cette tentative de Voldemort qui élève la prédiction au rang d'une prophétie auto-réalisatrice. Si Voldemort n'avait pas tenu compte du rapport, rien ne se serait passé. Mais comme tout les tyrans, il vit dans la peur incessante qu'un jour quelqu'un le défiera. La prophétie confirme son souci et, elle semble lui montrer d'où le danger viendra et, comment l'étouffer dans l'œuf. Comme c'est déjà le cas dans le mythe d'Œdipe, ce sont justement les actions menées dans le but de déjouer la prédiction, qui créent les conditions de sa réalisation.

L'attitude de beaucoup de sorciers face à la divination va de la méfiance au rejet. Toutefois, même dans leur rejet, ils restent sur un niveau humain de la divination. A leurs yeux, cet art traite toujours de la prédiction de tous les petits événements de la vie d'un individu. Ceux qui croient à la divination espèrent pouvoir mieux gérer l'avenir grâce à l'avantage du savoir qu'ils en retirent, tandis que les contradicteurs se moquent de la tentative de l'omniscience, partant du postulat que les événements du futur sont causés par les actions présentes. Sybille Trelawney réagit de manière changeante aux remarques ironiques de ses collègues. Parfois elle leur affirme prétendre ne pas savoir quelque chose, bien que le contraire soit vrai, à d'autres moments par contre, elle affirme se fermer volontairement à la connaissance de l'avenir, parce que cette clairvoyance peut être un lourd fardeau[48].

Lorsque Harry Potter entend l'ancienne prophétie le concernant, lui aussi fait l'expérience que la connaissance du futur peut être un fardeau. Il ne peut pas prétendre qu'elle est un non-sens, vu qu'elle a changé toute son existence et continue de la perturber, parce que Voldemort tente toujours de l'assassiner. La partie de la prophétie que Voldemort ne connaît pas : « *aucun d'eux ne peut vivre tant que l'autre survit* »,[49] ne fait finalement pas de différence. Harry l'interprète dans le sens que l'un des deux, soit Voldemort soit lui-même, doit mourir pour que l'autre puisse continuer à vivre. On peut présumer que Voldemort aurait tiré la même conclusion. Les deux ont tort, parce que, d'après l'interprétation de Dumbledore, la signification est, que les deux doivent mourir, car une partie de Voldemort vit à l'intérieur de Harry. Si l'on suit le raisonnement rigoureusement jusqu'au terme, on s'aperçoit que cette interprétation aussi est erronée, puisque l'avenir est encore beaucoup moins prévisible qu'attendu.

Au moment où Sybille Trelawney fait la prophétie, seul Albus Dumbledore est présent. Probablement dans une démarche de genre scientifique, il dépose la prédiction dans le département des Mystères. On peut se demander dans quel but on y collectionne toutes les prophéties connues, car il n'y a que les personnes concernées qui y ont accès. Pourquoi les conserver une fois les protagonistes décédés ? Alors, le seul objectif de la pièce est le comptage du nombre de prophéties faites depuis l'existence de la salle, sans aucune possibilité d'en contrôler la véracité après coup.

Dumbledore dépose la boule avec la prédiction, mais n'en parle à personne. Severus Rogue par contre, qui n'en a entendu que la première partie, transmet son information directement à Voldemort. Pourquoi ? A aucun moment dans les sept volumes il ne donne le moindre indice de ce qu'il pense des prophéties. Il ne s'occupe pas du tout de Sybille Trelawney. Mais, quand il entend une partie de la prophétie il se croit obligé d'en transmettre la connaissance à son maître. Certainement, il connaît Voldemort assez bien pour savoir qu'il n'admettra aucun rival. Lui parler de la prédiction, signifie lui rappeler que son pouvoir ne pourra pas durer éternellement, qu'une famille de sorciers lui a déjà résisté par trois fois, et qu'en plus celle-ci mettra au monde l'enfant qui le défiera avec succès. Si Rogue avait entendu, puis transmis, l'ensemble de la prophétie peut-être que Voldemort n'aurait pas tenté de tuer Harry. Ce n'est néanmoins pas sûr, car le texte de l'annonce est assez peu précis pour permettre des interprétations divergentes. Par contre, il est certain que l'idée de tuer le petit Harry, n'aurait jamais traversé l'esprit de Voldemort s'il n'avait pas eu connaissance de la prophétie. Ainsi, la prophétie s'auto-réalise parce qu'elle a été entendu et cru. Si Voldemort l'avait rejeté comme une absurdité, rien ne se serait passé non plus. Mais Voldemort est superstitieux et dans une position où il doit sans cesse s'attendre à être attaqué et détrôné. Cependant, étant donné qu'il attaque l'enfant pour éliminer un futur adversaire potentiel, mais qu'il n'a pu tuer que ses parents, les événements engendrent leur propre dynamique. Voldemort a assassiné les parents de Harry et il doit s'attendre à la vengeance du garçon. C'est pourquoi le garçon doit mourir. Harry est obligé de se défendre contre les attaques, qu'il le veuille ou non. La connaissance de la prophétie n'y joue aucun rôle. Lorsque, à la fin de la cinquième année à Poudlard, il entend les termes de la prédiction une seule chose change : Jusqu'à ce jour, son unique but était sa propre survie, maintenant la situation est plus désespérée que jamais, parce qu'il ne suffit plus d'échapper à l'ennemi, il doit le tuer, il doit devenir un meurtrier, s'il ne veut pas mourir lui-même.

Quand Dumbledore parle finalement de la prophétie, il dit, qu'il aurait probablement dû le dire plus tôt à Harry, au lieu de repousser le moment par lâcheté. Peut-être, dans ce cas Harry ne se serait pas rendu dans le département des Mystères pour sauver Sirius. Ce n'est pas sûr. Rien ne l'est jamais dans le cas de la divination. Par exemple, à la fin de la troisième année, Harry entend dans la prédiction de Trelawney, qu'un serviteur du seigneur noir rejoindra son maître. Mais cela ne change rien au déroulement de l'événement. La prédiction de l'avenir reste incertaine, trop de facteurs interviennent. Dans cet exemple, Queudver est déjà capturé, ligoté et sans baguette magique. Il suffit d'un détail - la pleine lune qui sort de derrière les nuages - pour renverser tous les espoirs y compris ceux des lecteurs. Contre toute attente Peter Pettigrow s'évade.

Pendant la sixième année de Harry, Trelawney essaie encore une fois de voir l'avenir. Cette fois-ci avec des cartes de tarot. A de multiples reprises, elle essaie de mettre Dumbledore en garde, mais il ne l'écoute pas. Dans ce cas, la prédiction est encore une fois correcte. Il est curieux que le professeur veuille se faire entendre, comme si elle espérait, que la connaissance des dangers que réserve le futur, pourrait avoir un effet positif. En diminuant les mauvais présages? Est-ce que, pour elle, l'avenir n'est finalement pas une simple fatalité ? Pense-t-elle, contrairement au centaure Bane, qu'on peut l'influencer ? Est-ce la raison pour laquelle elle félicite régulièrement Ron et Harry pour leurs prévisions de catastrophes, quand ils ont encore une fois abusé de leur imagination en faisant leurs devoirs du soir ? Son attitude suggère que l'avenir ne présente que des terreurs, mais qu'elles ne se réaliseront pas forcément, si on les regarde fermement en face. Il s'agit d'un genre de pensée magique, qui prévoit le pire, pour mieux le déjouer.

3.4.1.1 - Les Centaures

« *Nous avons fait serment de ne pas nous opposer aux décisions du ciel*[50] » dit Bane. Les centaures lisent des présages pour l'avenir dans les étoiles et partent du principe qu'ils n'ont pas le droit de s'opposer aux signes du ciel. Mars, qui annonce des temps sombres, n'est pas juste un élément de prophétie parmi d'autres. Il acquiert une position décisive, qu'un centaure ne doit pas mettre en question. Bane et Ronan interprètent sa luminosité dans le sens, qu'il leur est interdit de faire quoi que ce soit qui en ferait une prédiction erronée. À la base de leur attitude se trouve une conception du monde qui comprend chaque groupe magique comme étant indépendant des autres. Un malheur futur dans le monde des sorciers ne regarde pas les centaures. Il appartient aux seuls sorciers de s'en sortir. De leur point de vue, la forêt leur appartient à eux seuls. Ils ne veulent pas admettre qu'ils ne peuvent pas la contrôler. La perspective d'une deuxième guerre de sorciers n'a pas à les inquiéter, pensent-ils. L'avenir est prédéterminé, les tentatives pour l'influencer, inadmissibles. Un être qui tue des licornes, n'a pas non plus à les préoccuper. Seul Firenze est d'un autre avis. Il faut arrêter un tel être, même si cela signifie de devoir travailler avec des humains. Il a une attitude critique face à l'astrologie des centaures. Même des centaures peuvent mal interpréter les signes[51]. Cette attitude hérétique mène à son bannissement. Ce n'est qu'au moment où la guerre de Poudlard s'étend à la forêt, où, du jour au lendemain, ne vit plus qu'*un* géant mais plusieurs, où des mangemorts entrent et sortent sans se soucier le moins du monde des centaures, qu'ils prennent parti, parce que Hagrid les interpelle, « *Vous êtes contents, maintenant, de ne pas vous être battus, bande de vieux canassons trouillards? Vous êtes contents que Harry Potter soit… m… mort…*[52]*?* » Finalement ils viennent en aide aux défenseurs du château. C'est seulement à la toute fin, qu'ils comprennent qu'une guerre entre sorciers, juste devant leur forêt, les concerne et influence leur vie, qu'ils le veuillent ou non. Une position neutre est intenable, parce que les répercussions sur leur vie sont immenses.

L'astrologie des centaures se distingue fondamentalement de celle des humains. Tandis que le professeur Trelawney croit, qu'on peut prévoir le destin individuel d'un homme grâce aux étoiles, les centaures savent qu'on ne peut connaître que les grandes lignes et tendances générales. La vie d'un seul être ne compte pas. Bane est même de l'avis qu'il faut s'accommoder de la mort d'un humain. L'individu n'est rien face aux étoiles et sa défense inutile et contre l'éthique centaure. Du point de vue des centaures l'astrologie des humains n'est pas scientifique. Firenze: « *Sibylle Trelawney a peut-être vu, je n'en sais rien, [...] Mais dans l'ensemble, elle a perdu son temps à pratiquer cette complaisante absurdité qui consiste à dire la bonne aventure, selon l'expression des humains*[53]. »

Les centaures considèrent leurs prophéties comme étant supérieures. Toutefois, ils ont tendance à négliger la vie dans le présent à force d'interpréter les signes du futur. Si, dans une situation donnée, il faut se poser la question d'agir ou non, ils choisissent majoritairement le non-agir, sans considérer, ne serait ce qu'un instant, qu'il s'agit là aussi d'un acte qui aura des conséquences. Leurs actions ne sont pas logiques. Ils se concentrent entièrement sur leur espèce. L'être qui attaque des licornes leur est égal, car ne représentant pas de danger pour eux. Donc, un géant qui vit dans la forêt ne devrait pas les intéresser non plus. Mais ce n'est pas le cas, car il est potentiellement dangereux pour eux. Ce que les centaures lisent dans les étoiles est au fond aussi peu sérieux, entaché d'autant d'erreurs que la divination humaine.

4 - A la recherche de la vie éternelle

Autant d'argent et de vie qu'on le souhaite. Les deux choses que la plupart des humains désirent le plus au monde, l'ennui, c'est que les humains ont un don pour désirer ce qui leur fait le plus de mal.

Albus Dumbledore[54]

Dans les récits autour de Harry Potter plusieurs personnes cherchent une possibilité de vaincre la mort et de vivre éternellement. Par exemple, grâce à la pierre philosophale qui permet à Nicolas Flamel et à sa femme Perenelle de vivre 666 et 658 ans[55].

Une autre tentative de tromper la mort est racontée dans le conte des trois frères. Pendant leur adolescence Gellert Grindelwald et Albus Dumbledore font des recherches dans ce sens.

Voldemort choisit une troisième voie, en tentant d'utiliser à son avantage le préjudice que subit une âme quand un homme devient un meurtrier. Il enferme cette partie de l'âme dans un horcruxe. Pour être certain de bien devenir immortel, son objectif est une séparation de l'âme en sept parts.

4.1 - La pierre philosophale

On a besoin de la pierre philosophale pour produire l'eau de la longévité. Les alchimistes l'ont cherchée pendant longtemps. Quelques œuvres ésotériques récentes prétendent même que certains alchimistes auraient finalement résolu l'énigme et vécu pendant des centaines d'années, en partie sous des noms différents.

Dans le premier tome de Harry-Potter le plus mauvais des sorciers vivants, Voldemort, cherche la pierre pour se créer un nouveau corps. Après l'attaque du petit Harry, Voldemort a disparu sans laisser de traces et, étant donné qu'il n'y a pas de cadavre, Dumbledore, Hagrid et d'autres présument qu'il est toujours vivant. Dès l'admission de Harry à Poudlard le directeur cache la pierre philosophale dans l'école. Harry et ses amis qui veulent découvrir ce que le chien à trois têtes, Touffu, garde, trouvent la cachette. Ils sont au début induits en erreur par l'information que Nicolas Flamel est un ami de Dumbledore. Puisque Dumbledore est un sorcier vivant, son ami devrait avoir à peu près le même âge que lui. Mais des informations sur Nicolas Flamel ne se trouvent que dans des livres qui traitent du siècle de sa naissance.

On découvre ici l'attitude de J.K. Rowling face à la vie éternelle ou plutôt face à une vie prolongée indéfiniment. Une vie plus longue n'est pas synonyme de célébrité pour des faits accomplis durant une période plus longue, que ces faits soient de nature matérielle ou spirituelle. Il semble que la longue vie de Flamel n'ait été qu'une existence de retraité éternel. Après les premières années de son existence il n'a plus rien fait de nouveau.

Le plus grand exploit de Nicolas Flamel est la préparation de la pierre philosophale, c'est elle qui le rend célèbre. Puis il n'y a plus rien. Pendant six cents ans, lui et sa femme vivent retirés du monde. Il n'augmente pas son savoir, n'écrit plus de livres ni d'articles qui auraient retenu l'attention sur une œuvre du monde contemporain. Si cela avait été le cas,

Hermione aurait trouvé son nom dans l'un des volumes qu'elle consulte. L'auteur fait accepter la mort à l'alchimiste dans sa six-cents-soixante-sixième année, l'année qui est traditionnellement liée à l'apocalypse. L'homme étant un être fini, ne peut vivre éternellement, n'importe la façon dont il s'y prenne. La six-cents-soixante-sixième année signifie sa mort.

Dumbledore qui connaît Flamel et sait également où la pierre est cachée, ne ressent visiblement aucun désir de l'utiliser pour lui, bien qu'il soit un très vieil homme. C'est probablement, parce qu'il accepte la mort comme faisant partie de la vie, qu'il est considéré comme le plus grand sorcier vivant. Non seulement il a appris des formules magiques, mais il s'est aussi étudié lui même, ainsi que ses concitoyens et essaie d'en tirer des leçons. La vie éternelle ne lui semble pas désirable. Il détruit donc la pierre philosophale sans regrets.

Harry regrette la destruction de la pierre philosophale, mais uniquement parce que cela signifie la mort de Nicolas Flamel et de sa femme. Lui même est si jeune qu'il ne considère pas sérieusement la possibilité de sa propre mort, malgré le fait qu'il vient de lui échapper de justesse.

Voldemort pour sa part, veut s'approprier la pierre, pour retrouver un corps humain. Dumbledore est de l'avis que c'est son seul objectif, il ne la veut pas pour accéder à une vie éternelle. En effet, la pierre peut facilement être détruite par des actions externes. Ainsi, Voldemort deviendrait dépendant des actes d'autres hommes[56]. Toutefois, il est imaginable, qu'il l'aurait utilisée comme un instrument de pouvoir contre ses partisans. A sa guise, il aurait pu donner la vie éternelle, puis la retirer. Il serait devenu semblable à un dieu. A ce moment de l'épopée, le lecteur n'apprend pas encore ce que

Voldemort a bien pu faire pour être immortel, sans qu'il soit en possession de l'élixir de vie. Mais il est mis en évidence que la vie éternelle n'est pas un état désirable.

4.2 - Les Reliques de la Mort

Le conte des trois frères raconte une autre tentative de duper la mort[57].. Grindelwald et Dumbledore cherchent pendant leur jeunesse trois objets : la baguette de sureau, la pierre de résurrection et la cape d'invisibilité des trois frères Peverell qui, d'après le conte, ont échappé à une mort certaine dans une rivière torrentielle par astuce. Par la suite la mort en personne leur fait cadeau de trois objets. D'autres magiciens, comme par exemple Xenophilus Lovegood, croient qu'on peut atteindre une sorte de vie éternelle, si l'on réussit à réunir ces trois objets magiques. Toutefois, les jeunes Albus Dumbledore et son ami Grindelwald les cherchent pour arriver au pouvoir grâce aux reliques et exaucer des souhaits très terre-à-terre: Grindelwald veut lever une armée d'inferi à l'aide de la pierre de résurrection, et ainsi consolider le pouvoir auquel il aspire, tandis que Dumbledore veut se servir de la pierre pour faire revenir les membres décédés de sa famille[58]. Mais en premier lieu les deux jeunes hommes veulent arriver au pouvoir.

Il est à se demander si des gens comme Xenophilus Lovegood se préoccupent du sens du conte. En effet, comment peut-on croire que la Mort fait des cadeaux qui permettent de lui échapper définitivement ? Est-ce que le conte ne montre pas plutôt que ces cadeaux mènent à une mort prématurée si l'on ne sait pas les utiliser correctement ? Les trois frères surmontent une difficulté et échappent à la mort parce qu'ils travaillent ensemble. A trois ils sont forts. La Mort fait un cadeau individuel à chacun. Ainsi elle détruit leur unité et peut venir les chercher un à un, en profitant des faiblesses de chacun. Seul le plus jeune des frères s'aperçoit du piège de la Mort et le contourne habilement.

4.2.1 - La baguette de sureau

La baguette de sureau est plus puissante que n'importe quelle autre baguette magique. Son premier propriétaire l'utilise tout de suite pour soumettre d'autres sorciers et il se vante de cette possession. Dans le conte, le propriétaire de la baguette de sureau est bientôt tué par un sorcier qui veut s'approprier la baguette. Manifestement, la plupart des détenteurs furent assassinés par la suite. Et même la baguette la plus puissante est impuissante contre un meurtre perfide. Toutefois, à un moment, la trace de la baguette de sureau se perd. Les chercheurs ont des avis divergents concernant celui des deux frères qui possédait la baguette quand sa trace s'est perdue. Ces deux-là ne se sont pas vantés de sa possession et n'ont pas fini assassinés. La communauté des sorciers entend à nouveau parler de la baguette de sureau lorsque le fabricant de baguette Gregorovitch prétend en être le détenteur. Quand il se fait voler la baguette, il ne le dit à personne. La possession d'une baguette célèbre peut être un bon argument publicitaire pour un fabricant de baguettes, tandis qu'être volé l'est beaucoup moins. Comme il n'a jamais dit qu'il a perdu la baguette, il se fait finalement assassiner comme tant d'autres détenteurs avant lui.

En vérité il n'est même pas certain, que la baguette volée était bien la baguette de sureau. Il aurait pu s'agir d'un argument publicitaire de Gregorovitch. Mais comme Dumbledore est convaincu qu'il s'agit de la baguette de sureau et qu'il a un immense savoir, on peut supposer que c'est vrai.

La question de savoir se pose si la baguette magique n'a pas perdu un peu de son pouvoir du fait qu'elle a été obtenue non par un meurtre mais par un vol habile. En effet, si l'on en croit le conte et que la baguette de sureau gagne toujours, comment se fait-il que Grindelwald, malgré la possession de la baguette de sureau perd contre Dumbledore ? Probablement, Grindelwald dit à Voldemort qu'il n'a jamais possédé la baguette, puisqu'elle n'a jamais vraiment reconnu son nouveau maître, vu qu'elle n'a pas été gagnée dans un combat ou par un meurtre[59]. Ou encore il s'agit d'une superstition et les détenteurs de la baguette de sureau gagnaient leurs duels du fait que les adversaires étaient convaincus d'avance qu'ils allaient perdre. Dans ce cas, il s'agirait d'une prophétie auto-réalisatrice. Contre cette théorie, qui aurait sûrement la faveur d'Hermione, parlent les dispositions que Dumbledore prend dans la mise en scène de sa mort.

Au moment de la mort de Dumbledore, celui-ci sait que sa baguette magique est bien la baguette de sureau. Mais, comme Grindelwald avant lui, il n'en parle à personne. Et ainsi, personne ne tente de l'assassiner pour lui prendre la baguette magique.

Il s'en suit la question de savoir, si Voldemort avait la moindre chance d'être accepté comme propriétaire légitime par la baguette de sureau. Même si Drago Malefoy n'avait pas désarmé Dumbledore avant que Rogue prononce le sortilège mortel, il n'en reste pas moins que Dumbledore s'était entendu avec Rogue sur son meurtre dans l'espoir de briser ainsi le pouvoir de la baguette. Si cela avait réussi, il aurait également été vain de tuer Rogue. En tout état de cause, Dumbledore part du principe qu'une mort négociée ne serait pas acceptée comme victoire sur l'adversaire, car il s'agit plus d'un suicide déguisé qu'autre chose. Si tout s'était déroulé d'après le plan, la baguette de sureau volée dans la tombe de Dumbledore aurait déjà perdu son pouvoir. Toutefois, même si le pouvoir n'avait pas encore été brisé définitivement, est-ce que la baguette de sureau aurait accepté l'assassinat de Severus Rogue comme une victoire dans un combat ? Cela paraît peu probable. Jusque là, au cours de l'histoire, les détenteurs de la baguette de sureau soit avaient été tués pendant leur sommeil, ce qui permettait à l'assassin d'éviter un duel avec un succès incertain, soit la baguette fut gagnée dans un duel de sorciers. Mais Voldemort tue avec son serpent et non avec sa baguette. Une attaque de serpent n'est pas la même chose qu'un duel de baguettes magiques. Que Voldemort, qui connaît des sortilèges très puissants, n'en utilise aucun contre Rogue, trouve son explication dans sa certitude que sa baguette suit toujours Severus Rogue. Dans ce cas, sa baguette aurait été aussi impuissante contre Rogue que l'ancienne baguette de Voldemort l'avait été contre Harry Potter, qui possédait la baguette jumelle, et des baguettes jumelles ne fonctionnent pas correctement dans un combat l'une contre l'autre.

Le dernier combat entre Harry et Voldemort prouve que la baguette de sureau ne change pas d'allégeance s'il n'y a pas eu d'affrontement, mais que la victime accepte dès le début sa mort et l'admet comme étant inévitable. En effet, lors de la rencontre précédente entre Harry et Voldemort dans la Forêt Interdite, Harry n'a pas sorti sa baguette. Au contraire, il attendait le sortilège mortel qui devait mettre fin à sa vie sans aucune résistance. Cette situation n'a pas comme résultat que la baguette de sureau accepte maintenant Voldemort comme son nouveau maître. On n'a pas besoin d'une baguette magique particulièrement puissante pour prononcer un sortilège mortel contre une personne sans volonté de défense.

Voldemort part à la recherche de la baguette de sureau parce qu'il désire une baguette qui lui garantira de vaincre, enfin, Harry Potter. Dans cette situation il ne s'attarde pas sur des détails. Il ne tient pas compte du fait que la baguette de sureau a déjà été vaincue au moins deux fois. Une fois, quand Dumbledore la gagne dans son duel contre Grindelwald puis, quand Drago Malefoy désarme Dumbledore ou, du point de vue de Voldemort, quand Rogue tue Dumbledore en duel. Sans parler des meurtres historiques commis pour entrer en possession de la baguette de sureau. Ces faits montrent que la baguette est bien puissante, mais que la puissance du magicien qui la possède est un élément décisif. Avant même que Dumbledore détienne la baguette de sureau il est le sorcier le plus puissant de son temps, ce que sa victoire contre Grindelwald ne fait que souligner. C'est un signe de la sagesse de Dumbledore qu'il n'utilise pas cette victoire pour se vanter de son art. Tout cela prouve que la baguette agit très bien mais uniquement en combinaison avec un bon sorcier. Elle ne change rien à la mortalité de l'homme.

Les derniers doutes quant à la puissance supérieure de la baguette de sureau par rapport à d'autres baguettes magiques ne sont dissipés que tout à la fin. Quand Hermione essaya de réparer la baguette cassée de Harry, elle n'a pas réussi[60]. Lorsque Harry utilise le même sortilège avec la baguette de sureau, la réparation réussit[61].

4.2.2 - La pierre de résurrection

Tandis que la pierre philosophale permet une vie éternelle à son possesseur, la pierre de résurrection donne à un mortel le pouvoir d'appeler un mort à ses côtés. L'utilisation de cette pierre signifie la non-acceptation de la mort d'une personne aimée. C'est une tentative pour l'annuler.

Dans le conte, le deuxième frère se sert de la pierre de résurrection pour rappeler à la vie sa fiancée décédée. Mais elle ne redevient pas vraiment vivante. Bien qu'elle semble humaine elle appartient toujours au royaume de la Mort. Elle n'est pas heureuse de se retrouver dans le monde des vivants, comme il l'avait espéré. Non seulement elle est séparée de lui par une sorte de voile, mais en plus elle souffre et est triste de sa présence dans le monde des humains. Finalement le frère se suicide de chagrin.

Les sorciers qui cherchent la pierre n'ont pas tous les mêmes motivations. Grindelwald veut renforcer son pouvoir sur les vivants à l'aide de la pierre, en l'utilisant pour semer la mort grâce aux inferi[62]. Dumbledore veut la pierre pour revoir ses parents et ne plus avoir la responsabilité de son frère et de sa sœur et, quand il est vieux également pour revoir sa sœur. Mais lorsqu'il tient finalement la pierre entre ses mains, une malédiction mortelle a été posée dessus, qui le tue presque. Si l'on considère bien son fonctionnement, la pierre de résurrection permet bien qu'un être vivant revoie des morts et leur parle, mais les morts ne reviennent pas dans le monde des vivants, les morts viennent plutôt chercher les vivants. C'est dans ce sens que Harry utilise la pierre à la fin. Ses morts aimés doivent l'aider sur le chemin vers la mort, doivent lui donner le courage d'aller les yeux ouverts vers sa propre mort. Dumbledore conseille à Harry de ne pas plaindre les morts : « *N'aie pas pitié des morts, Harry. Aie plutôt pitié des vivants et surtout de ceux qui vivent sans amour*[63]. » Les conséquences de l'utilisation de la pierre de résurrection illustrent cette déclaration. Les morts ont définitivement disparu de la vie des vivants. Ils n'ont aucun désir de revenir. C'est aux vivants d'accepter la mort d'un être aimé, d'apprendre à vivre sans lui. Il est vain d'avoir pitié des morts, il est par contre conseillé de faire profiter ses semblables de sa faculté de compassion.

4.2.3 - La cape d'invisibilité

Le troisième frère, d'après le conte, le plus sage des trois, utilise la cape pour se cacher des yeux de la Mort, de manière à ce que la Mort ne puisse pas le trouver. Mais quand il est vieux il enlève la cape et accueille la Mort comme une amie. Il n'essaie pas de vivre éternellement sous sa cape. Il accepte que la vie, un jour, prenne fin. Aucun des interprètes du conte ne s'occupe beaucoup de cet objet. Comme tous les hommes débordants de vie, il leur est inimaginable qu'un jour viendra où l'homme sera fatigué de vivre, où la mort, la fin de la vie terrestre, sera acceptée. Schopenhauer formule bien ce que nous disent certaines très vielles personnes. Qu'une grande fatigue s'installe qui enlève toute peur de la fin de sa propre vie. Une vie éternelle n'est pas souhaitable « L'immuabilité rigide et la limitation fondamentale de toute individualité en tant que telle, devrait finalement, si elle continuait éternellement, produire par sa monotonie une si grande lassitude, que l'on préférera devenir néant, juste pour s'en délivrer. D'exiger l'immortalité de l'individualité signifie finalement de perpétuer une erreur à l'infini[64]. »

Grindelwald, Dumbledore, Xenophilus Lovegood, tous cherchent la cape uniquement parce qu'elle est la troisième relique. Ils n'ont aucune idée de ce à quoi elle pourrait servir. Dumbledore n'a pas besoin d'une cape pour se rendre invisible, comme il l'explique à Harry au cours de la première année scolaire déjà[65]. Effectivement, la cape est un objet que l'on peut partager avec d'autres, à la différence de la baguette et de la pierre. On peut disparaître seul en-dessous, mais comme elle est assez grande pour accueillir jusqu'à trois personnes, on peut s'en servir à plusieurs. Il n'est pas non plus nécessaire de l'utiliser pour accomplir des actes valeureux. Il est possible de lire grâce à elle dans la bibliothèque fermée ou de jouer des farces à d'autres élèves. Toutefois, on peut également utiliser la cape pour se cacher de ses ennemis et échapper ainsi à la mort.

Le thème de l'invisibilité est régulièrement traité dans la littérature. D'après Platon, Gygès se servait d'un anneau qui rendait invisible pour devenir roi de Lydie. Dans la Chanson des Nibelungen, le nain Alberich possède un heaume qui rend invisible. Et chez Tolkien l'anneau qui rend invisible est au centre de la trilogie « *Le Seigneur des anneaux* ». H.G. Wells écrivit un roman appelé « *L'homme invisible* ». L'invisibilité peut toujours servir à faire du mal ou du bien, elle confère toujours du pouvoir sur d'autres hommes parce qu'elle permet d'espionner tous leurs secrets[66]. Chez Rowling on l'utilise surtout pour se rendre d'un endroit à l'autre sans être vu et donc sans être dérangé. C'est sa particularité par rapport à d'autres récits, qu'elle est souvent partagée. Harry emmène ses amis Ron et Hermione. L'invisibilité n'est pas uniquement une action solitaire qui exclut obligatoirement son propriétaire de la communauté. Ainsi Gollum par exemple est chassé de sa famille. La connaissance de l'existence de la cape et son utilisation sont partagées. De plus, dans un monde de sorciers l'invisibilité ne peut être que relative, parce que le sortilège *Homenum revelio* découvre toute présence humaine, qu'elle soit visible ou invisible. Elle ne rompt pas non plus le pouvoir des détraqueurs car ils ne voient pas les humains mais les sentent.

Une lecture superficielle du dernier volume peut faire croire que Harry a les trois reliques en sa possession au moment où il fait face à Voldemort. Mais la pierre est tombée de ses mains engourdies, juste avant. Quelques secondes avant sa mort certaine, la présence physique de ses morts aimés n'est plus nécessaire.

Finalement, les trois présents de la Mort ne mènent jamais à l'immortalité, mais ils permettent à leur détenteur avisé de mener sa vie en étant conscient d'une mort finale certaine et, à la fin, de faire face à la mort en connaissance de cause et de l'accepter.

4.3 - Horcruxes

Une autre possibilité de s'assurer l'immortalité, est la confection d'un horcruxe[67]. Le terme de horcruxe est une invention de J.K. Rowling, c'est pourquoi il n'existe pas réellement d'étymologie. Toutefois, on peut constater la combinaison des termes horrible et crucifix. La croix symbolise la promesse d'une vie éternelle après la mort, à la condition d'une vie sans reproches et la croyance en Dieu. Un meurtre anéantit cette perspective. Le horcruxe doit garantir une vie éternelle profane, il s'agit d'une perversion de la religion.

Très peu de sorciers ont jamais entendu parler des horcruxes et, quand Dumbledore devient directeur de Poudlard, il retire tous les livres sur ce sujet de la bibliothèque. Sans doute le fait-il, parce que la fabrication d'un horcruxe suppose une attitude destructive face à la vie. Effectivement, le sorcier doit commettre un meurtre pour créer un horcruxe. L'assassinat d'un homme déchire l'âme. L'énergie ainsi libérée sert à cacher une partie de l'âme dans un objet sans âme et de permettre par cet acte de survivre à la mort de son corps.

Il s'agit d'un concept curieux. Pourquoi donc est-ce justement un être mauvais qui veut s'assurer une vie éternelle ? L'acte répréhensible par excellence est le meurtre d'un autre homme. Le meurtrier réclame donc le droit de tuer pour lui, mais veut lui-même échapper au risque d'être tué ou de mourir d'une mort naturelle. De la sorte, il s'attribue une nature divine. À première vue cette idée paraît surprenante, mais le lecteur n'a aucune difficulté à s'imaginer la procédure, de l'accepter comme une possibilité dans un monde magique. Cela est sans doute lié à ce que tout le monde connaît le désir d'être capable de se débarrasser d'une part de son caractère ou de ne plus jamais ressentir de sentiments désagréables.

David Colbert fait observer qu'il y a de nombreux contes dans lesquels une partie de l'âme est cachée à l'extérieur du corps[68]. De même, la littérature psychologique connaît le concept d'une part de l'âme coupée. C.G. Jung écrit par exemple : « *C'est un axiome psychologique, qu'une partie de l'âme coupée de la conscience n'est désactivée qu'en apparence*[69]. » Il croit que la partie de l'être cachée dans l'inconscient a malgré tout - ou justement parce qu'inconscient - de l'influence sur les actes. Cela est différent dans le cas de Voldemort, parce qu'il cache les parties à l'extérieur de son corps, elles ne peuvent pas parasiter ses actions. D'un autre côté cependant, les taches aveugles qu'elles laissent derrière, portent préjudice à sa faculté de jugement.

Tandis que Jung étudie le phénomène de l'âme partagée d'un point de vue universel, Boris Cyrulnik s'intéresse aux enfants qui ont, tout comme le petit Tom Jedusor, subi des souffrances cruelles tellement exceptionnelles qu'ils ne peuvent pas les partager avec d'autres hommes. « *Le récit intime n'étant pas partageable avec les récits d'alentour, ces jeunes traumatisés ne pouvaient pas socialiser leur expérience invraisemblable et cruelle. Alors, ils coupaient leur âme en deux, une moitié en pleine lumière et une autre à l'ombre qui souffrait en secret*[70]. » Tout comme Voldemort qui bannit les sentiments douloureux dans des horcruxes. Mais comme Voldemort dépasse la suppression psychologique des affects, ceux-ci ne permettent effectivement pas de survivre à sa mort, et ses horcruxes ne fonctionnent pas non plus tout à fait comme les parties d'âme cachées, dans des contes tel que celui de Babajaga, nous discuterons les horcruxes de Voldemort plus loin.

4.4 - Fantômes

D'une certaine manière, les fantômes sont immortels malgré le fait qu'ils soient morts. Ils sont captifs dans une sorte de monde intermédiaire entre la vie et la mort. Dans le conte d'Oscar Wilde « *Le fantôme de Canterville* » le fantôme peut finalement mourir grâce à la pitié d'un enfant. Dans le monde magique de Rowling cette possibilité d'une mort définitive n'est pas mentionnée. Nick Quasi-sans-tête explique à Harry que les sorciers ont le choix de mourir ou de rester dans le monde intermédiaire, mais peu de gens choisissent cette option. La plupart « *continuent* » comme il dit Cependant, Nick avait peur de la mort et a choisi l'existence de fantôme, il ne peut rien dire de plus à ce sujet. « *J'avais peur de la mort, [...] J'ai choisi de rester en arrière. Parfois, je me demande si je n'aurais pas dû… En fait, on n'est ni ici, ni là-bas…* Je *ne suis ni ici, ni là-bas…*[71] » Ce discours laisse toutefois entrevoir qu'il suffirait peut-être d'avoir enfin le courage de quitter le monde des fantômes pour celui des morts. Nick n'a pas ce courage. Tous les fantômes de Poudlard ont omis de tirer un trait sur leur vie. Bien qu'ils soient morts depuis longtemps ils ne peuvent s'empêcher d'accuser leur sort. Ainsi, Mimi geint-elle toujours cinquante ans après sa mort. Elle n'apprend rien, est entièrement concentrée sur sa petite personne. Tandis que Nick Quasi-sans-tête ne dit jamais pourquoi il a été décapité, mais se plaint régulièrement du mauvais travail du bourreau et regrette depuis quatre-cents ans que sa tête n'ait pas été sectionnée entièrement.

D'autres cas intéressants sont ceux du Baron Sanglant et de la Dame Grise. Pendant toutes ces années à Poudlard Harry n'apprend rien sur le Baron Sanglant. Même les autres fantômes n'osent pas lui poser de questions. Il n'y a jamais la moindre indication qu'il pourrait exister une liaison entre ces deux fantômes. Mais pendant leur vie le baron était un prétendant d'Helena Serdaigle, fille de Rowena Serdaigle, co-fondatrice de Poudlard. Elle enviait sa mère et lui vola le diadème, parce qu'elle n'acceptait pas d'être moins intelligente qu'elle. Elle reste jalouse même après sa mort. Le Baron Sanglant se suicida après avoir tué Helena Serdaigle dans un accès de colère. Maintenant tous deux hantent Poudlard, sans questionner leur passé, et au contraire, depuis des siècles ils veulent le faire oublier. Même comme revenants ils ne sont pas eux-mêmes. Le Baron Sanglant cultive sa réputation de meurtrier cruel, qui a certainement été assassiné à la fin. Cela fait toujours mieux que d'avouer un suicide par désespoir - du moins à ses propres yeux. La fille Serdaigle de son côté ne perd pas seulement le diadème et la vie, finalement elle n'a même plus de nom, n'est plus que la Dame Grise sans passé. Elle préférerait l'oublier à jamais. Harry réussit avec difficulté à lui arracher l'aveu de qui elle est et qu'elle a confié la cachette du diadème de Serdaigle à Tom Jedusor. Pour elle, son secret est plus important que la perpétuation de l'école. En fin de compte cela lui est égal que Voldemort et ses mangemorts attaquent Poudlard. Toutefois, en tant que revenant elle n'aurait plus de lieu d'attache si l'endroit qu'elle hante disparaissait. Parler à Harry de Jedusor lui permet de continuer éternellement de hanter les lieux, sans passé ni avenir.

Tous les fantômes ont négligé de tirer un trait sur leur vie et n'ont pas accepté la mort. Étant donné qu'ils étaient des sorciers ils avaient cette option de la vie de fantôme. Pas entièrement morts, ni en vie, toujours accusant leur sort aussi bien dans le passé que dans le présent.

Or, Voldemort est un sorcier et ainsi, en principe, il aurait la possibilité de rester comme fantôme à Poudlard. Cependant, parce qu'il ambitionnait la toute puissance et voulait tromper la mort, ce choix lui est interdit. En plus, il est inconcevable que quelqu'un qui veut être tout-puissant, se contente d'une empreinte terne de son corps. Sa mort, une fois toutes les parties cachées de son âme tuées, ne peut qu'être définitive.

5 - Severus Rogue, un personnage tragique

Comme beaucoup de personnages chez Rowling, dans la version originale des livres, Severus Rogue a un nom parlant. Il s'appelle Severus Snape. Severus, un nom latin, se traduit par « sévère, sombre, grave, sérieux, morose » Plusieurs empereurs et politiciens de la Rome antique portaient ce nom. Le nom de famille Snape n'est pas rare dans les pays de langue anglaise. Il y a aussi des villes de ce nom. Rowling dit dans une interview qu'elle a nommé le personnage d'après le village Snape dans le comté de Suffolk[72]. Le nom évoque le mot anglais *snap*. En français coup sec, claquement et aussi mordre. Le choix du nom souligne le sérieux de son caractère. Son apparence parle également contre lui : maigre, des yeux froids, des cheveux noirs et gras, il ressemble au méchant des films. La décision du traducteur de changer le nom Snape en Rogue pourrait donner une idée différente du personnage que celle des livres en anglais. Mais il est peu probable que le lecteur moyen ait déjà entendu le mot rogue, dont les synonymes sont arrogant et hargneux. Le nom de famille du personnage est donc perçu comme n'ayant aucun sens.

Severus Rogue est un homme sérieux, réfléchi qui attend des élèves qu'ils travaillent consciencieusement. Un manque de discipline ou d'attention est systématiquement puni, sauf s'il s'agit du délit mineur d'un élève de sa maison. Mais eux aussi risquent des punitions et des retenues[73].

Au fond, il ressemble à Minerva McGonagall, sauf que la sévérité de son caractère à elle est notée positivement. La différence essentielle entre les deux professeurs repose dans sur le fait que McGonagall s'efforce de traiter tous les élèves de façon semblable et de ne pas avantager les élèves de sa maison. Ce n'est que s'il est question de quidditch, qu'elle fait une exception. Mais, même dans ce cas, elle se limite à la suppression des devoirs. Par ailleurs, elle n'est pas moins sévère que son collègue et ses exigences sont aussi élevées.

Severus Rogue fait partie des personnages qu'on retrouve sans exception dans tous les volumes de la série des Harry-Potter. Mis à part quelques informations éparses, pendant longtemps, le lecteur n'apprend rien sur lui. Jusqu'au milieu du tome cinq, on doit se contenter des informations suivantes : Severus Rogue est professeur de potions et responsable de la maison Serpentard et parmi les élèves circule le bruit qu'il poserait régulièrement une candidature pour le poste de défense contre les forces du Mal. James Potter, le père de Harry, lui a un jour sauvé la vie. Depuis ce jour Rogue le haïssait, une haine qu'il reporte sur le fils Harry. Harry de son côté n'en déteste pas moins son professeur. Pourtant, les différences physiques par rapport à James Potter ne sont pas aussi importantes qu'il paraît au lecteur. Mais chez James Potter qui avait des manières avenantes, les cheveux sombres, jamais coiffés, sont interprétés en sa faveur dans son visage souriant. Dès le début Rogue était désavantagé.

James Potter venait d'une famille de sang-pur, était sûr de lui, populaire, un joueur de quidditch doué et il avait des parents aimants qui accueillaient volontiers l'ami d'école de leur fils à la maison. Sirius raconte à Harry qu'il passait toutes ses vacances chez les Potter après avoir rompu avec sa famille. Par opposition Rogue vient d'une famille désunie dont les parents se disputaient continuellement. La famille vivait dans un quartier ouvrier délabré et mal famé d'une ville de moldus. Visiblement la famille avait peu d'argent car le garçon portait des vêtements pauvres de seconde main, trop grands pour lui et démodés. Il était fasciné par la magie noire qui lui offrait une sortie de son impuissance.

Lui et Lily Evans, la mère de Harry, étaient voisin pendant leur enfance. Depuis cette époque il l'aimait. Etant donné son attirance pour la magie noire, il voulait être à Serpentard. Comme Lily partait pour Gryffondor, elle était en contact constant avec James Potter, qui lui, avait tout ce qui faisait défaut à Severus Rogue. Rogue a dû remarquer que James aussi était attiré par Lily, ce qui ne faisait que renforcer son aversion pour lui et ses amis. Certainement, la magie noire était pour Rogue une possibilité de se procurer pouvoir et influence. Par contre il était préférable que le moins de monde possible soit au courant de ses origines s'il ne voulait pas compromettre son avenir.

À la différence de Harry, il était convaincu de l'importance d'avoir les bonnes personnes comme amis. Drago Malefoy formule clairement cette vision du monde : « *Tu découvriras bientôt que certaines familles de sorciers sont mieux que d'autres, Potter. Tu ne veux pas te lier aux mauvaises personnes*[74]. » Severus Rogue veut s'entourer d'amis comme il faut, à la différence de Harry des années plus tard, qui vient pourtant d'un contexte familial tout aussi défavorable, mais qui préfère avoir comme amis des gens qui lui sont sympathiques. Toutefois, d'une certaine façon, Harry a d'avantage de connaissances, parce qu'à l'école primaire il souffrait du traitement de son cousin Dudley et de ses amis. C'est eux qui définissaient qui, à l'école, faisait partie des amis comme il faut, or Harry en était exclu. Si l'on ne voulait pas d'ennuis avec Dudley il ne fallait pas être l'ami de Harry. Severus Rogue qui veut s'entourer de gens comme il faut, perd à cause de cela finalement l'amitié de Lily. Adulte il est un solitaire taciturne.

Dans tout ce qu'il fait par la suite, les préjugés qui le stigmatisent comme adepte de la magie noire, dominent.

Dès la toute première soirée à Poudlard, Harry croit sentir l'aversion de Rogue. Quand Rogue regarde dans la direction de Harry, le garçon a l'impression que le professeur ne l'aime pas. Simultanément, sa cicatrice en forme d'éclair brûle, ce qui fait qu'il associe Rogue à Voldemort[75]. Il ne se rend pas compte qu'il s'agit de deux sentiments distincts. L'aversion de Rogue envers Harry qui ressemble tellement à son père, son rival pour les faveurs de la mère de Harry, est bien existante, mais la douleur de la cicatrice n'y est pas liée. Celle-ci est la conséquence de la haine de Voldemort envers lui. L'esprit de Voldemort, qui se cache dans la tête de Quirrel, se trouve directement à côté de Rogue, dont le regard frôle le turban de Quirrel quand il regarde Harry. Comme ce premier contact furtif, les relations se passent toujours ainsi entre Rogue et Harry. Parce que Rogue déteste le garçon, on lui attribue régulièrement des actes, auxquels il ne peut rien et qu'il a même souvent tenté d'empêcher.

Quand le balai de Harry est ensorcelé lors d'un jeu de quidditch, Rogue est soupçonné. La preuve qu'il a aidé Harry dans cette situation ne change rien à l'attitude des adolescents. De même, rien de ce que Rogue fait n'est interprété en sa faveur dans la suite du cours de l'histoire! Il est toujours soupçonné de pratiques de magie noire ou bien on lui oppose sa haine manifeste de Harry.

Pendant la troisième année, Severus Rogue prépare régulièrement un breuvage qui atténue la transformation de Remus Lupin en loup-garou. Lupin lui en est reconnaissant, mais cela ne change rien à leur aversion réciproque qui date de leurs propres années scolaires. Après le Tournoi des Trois Sorciers, quand on découvre que Rogue travaille comme espion pour Dumbledore, Harry, ses amis et son parrain Sirius Black ne l'acceptent qu'à contre cœur. Leur méfiance et leur aversion envers lui demeurent.

Sans arrêt il y a des informations contradictoires. Rogue hait Harry et en même temps il l'aide maintes fois. Harry n'a aucun moyen de concilier ces contradictions. Il se contente simplement de haïr son professeur à son tour. Si quelqu'un tente de voir quelque chose de positif chez Rogue, comme Hermione le fait parfois et bien sûr Dumbledore, il se ferme face à leurs arguments qui ne correspondent pas à l'image qu'il en a.

Bien que les adultes, en particulier Remus Lupin et Albus Dumbledore, sont au courant de l'origine de l'aversion de Rogue, ils ont des réticences et tardent à transmettre leur connaissance à Harry. Pour Dumbledore, c'est parce qu'il a donné sa parole à Rogue et pour Lupin parce qu'il ne veut pas détruire l'image idéalisée que Harry a de son père. Les deux, parce qu'ils pensent qu'il est trop jeune pour connaître la vérité, mais aussi parce qu'ils protègent leurs propres secrets.

C'est seulement après la mort de Rogue que l'entière vérité se fait jour, que le drame de sa vie se révèle.

Maintenant une nouvelle lecture de James comme sauveur de Rogue est proposée: Sirius Black, l'ami de James, trouvait que c'était une bonne idée de faire rencontrer un loup-garou à Rogue qui était un peu trop curieux. Mais la conséquence aurait été le renvoi de l'école pour James Potter et ses amis. Sauver Rogue signifiait donc, sauver sa propre peau. A cette époque Lily et Severus s'éloignent de plus en plus l'un de l'autre. Malgré cela Rogue continue de l'aimer, d'abord sans espoir qu'elle l'aime en retour, puis sans aucun espoir au-delà de sa mort. Dans son cas, tout comme dans celui de la mère de Harry, on voit que Voldemort sous-évalue le pouvoir de l'amour parce qu'il ne le connaît pas.

Toutefois, est-ce que l'amour explique le comportement de Rogue ? Définitivement non. En effet, le caractère de Rogue a deux faces qu'il est difficile de faire correspondre. D'un côté il connait l'amour, de l'autre il semble croire que l'amour est une faute, une sorte de tare qu'il vaut mieux cacher.

Pour Severus Rogue il est primordial d'avoir des amis comme il faut et de se comporter conformément à leurs normes, du moins en public. Une de ces normes dit qu'il faut mépriser et insulter les sorciers issus d'une famille de moldus. Aimer une fille issue d'une telle famille, signifierait perdre l'estime de ses amis. Avoir des amis convenables implique également de ne pas mentionner son parent moldu. Toutefois, dans les deux cas l'attitude de Rogue est ambiguë. En public il insulte des camarades d'école qui sont issus de familles moldus, de sang-de-bourbe, mais l'unique fille qu'il a jamais aimée en est une. Il ne mentionne jamais que son père est moldu, cependant dans son livre de potions de sixième année il n'écrit pas son nom, mais « *Ce livre appartient au Prince de Sang-Mêlé*[76]. » Ainsi, il élève d'un côté le nom de famille de sa mère, une sorcière, au rang d'un titre, de l'autre il ne nie pas l'origine moldu de son père, tout en cachant sa véritable identité. C'est seulement, si l'on connaît le nom de jeune fille de sa mère, qu'on peut faire le lien entre Severus Rogue et le prince de sang-mêlé.

Pour se protéger il apprend l'occumancie, l'art de fermer son esprit. Comme il est bon de savoir ce que l'adversaire prépare, il apprend également la légilimancie, l'art de lire les pensée des autres. Voldemort est également maître de ces deux techniques.

Le prix que Rogue paie pour sa double vie est élevé. Personne, mis à part Dumbledore, connaît la vérité, et n'a l'autorisation de la connaître. Sa cachotterie est curieuse, parce qu'il dissimule justement l'élément positif de son caractère, tandis que d'autres personnes font plutôt le contraire, en accentuant leur amabilité, tout en faisant du mal en cachette.

Ce qui était à l'adolescence une mesure d'auto-protection, la simple tentative de ne pas devenir la risée de ses amis, parce qu'il aime une sang-de-bourbe, devient, après la mort de Lily, une condition indispensable pour pouvoir espionner Voldemort et ses partisans. Parce que Rogue maîtrise parfaitement la dissimulation de ses sentiments, personne ne s'aperçoit à quel point sa mort l'a affecté. Personne, pas même Dumbledore, ne se rend compte que seize ans après la mort de Lily, Severus l'aime toujours autant qu'autrefois, à l'adolescence. Cependant, c'est justement cet amour inconditionnel qui amène Rogue à suivre les directives de Dumbledore.

Au cours de la troisième année scolaire, Rogue suit Harry et ses amis dans la cabane hurlante, pour les protéger d'un loup-garou et d'un assassin recherché. Personne ne remercie Rogue pour cela, personne à part Dumbledore qui le respecte et l'admire. C'est certainement une des raisons pour lesquelles il accepte le désir qu'a Dumbledore de le tuer, bien que cela lui répugne.

À la demande de Dumbledore, Rogue initie Harry à l'art de l'occlumancie, pendant la cinquième année. Avant chaque leçon, il retire quelques pensées de sa tête, pour empêcher Harry d'y accéder accidentellement. Il ne s'agit pas d'une mesure de protection inutile, car un jour Harry s'introduit effectivement dans ses souvenirs, sans le vouloir[77].

Mais d'une certaine façon il s'agit aussi d'un acte manqué, car les pensées sont mieux gardées dans sa tête que dans la pensine, où elles ne sont en sécurité que tant que Rogue la surveille. C'est justement ce qui fait l'intérêt de la pensine, qu'elle permet de s'immerger sans violence dans les souvenirs d'autrui. Ainsi, on peut partager des souvenirs, sans qu'ils soient déformés par une narration intermédiaire. Rogue connaît ces inconvénients de la pensine. Il sait également que Harry est curieux, qu'il a une tendance à dépasser les limites et de passer outre les interdits. Utiliser la pensine en sa présence ne fait qu'attiser sa curiosité. C'est humain qu'il se demande ce que son professeur veut lui cacher à tout prix !

Harry qui a la ferme conviction que son père était un homme bien, ne croit pas Rogue qui prétend régulièrement le contraire. Du point de vue de Harry les accusations de Rogue sont une pure invention. Ainsi, la pensine[78] donne l'occasion de montrer la vérité sans voile à Harry, sans qu'il puisse se protéger par des excuses ou en regardant ailleurs. Toutefois, le souvenir ne montre pas seulement les interactions entre le groupe d'amis autour de James Potter et leur prédilection à prendre Severus Rogue comme cible de leurs blagues de mauvais goût, il montre aussi la liaison secrète entre Lily et Severus qui trouve sa fin définitive lors de cet incident.

Quand Harry plonge dans la pensine il se retrouve dans un examen. Comme cet objet magique permet une certaine autonomie de mouvements, Harry s'intéresse plus au jeune James Potter qui se trouve également dans la salle, qu'à Severus Rogue, dont il partage pourtant le souvenir. Ainsi il voit que son futur père, qui a fini ses exercices griffonne le nom de Lily sur un papier puis le barre, comme on le fait, quand on veut empêcher que d'autres yeux lisent ce qu'on vient d'écrire. La suite du souvenir tente également à prouver que James Potter a jeté un œil sur Lily Evans, qui ne semble absolument pas intéressée par lui. Cependant, comme il s'agit d'un souvenir de Rogue il faut aller plus loin. Donc, si Rogue se dirige dans la même direction que James et ses amis, c'est pour la même raison : pour rester en vue de Lily. Et pourquoi est-ce qu'un garçon reste en vue d'une fille? Parce qu'il en est amoureux, bien sûr. La suite des événements ne permet pas de conclure si Lily porte un intérêt particulier à l'un des garçons, mais elle est assez proche de Severus pour qu'elle intervienne immédiatement, lorsque James l'attaque. Cependant Rogue est tellement honteux d'avoir perdu la face, qu'il ne remercie pas Lily mais prononce cette phrase impardonnable: « *Je n'ai pas besoin de l'aide d'une sale petite Sang-de-Bourbe comme elle*[79] ! » Comme sa réponse le prouve, Lily est sérieusement blessée par cette affirmation. Elle lui retire son amitié, quand elle dit qu'à l'avenir elle ne l'aidera plus et le souligne en s'appropriant le sobriquet « Servilus » que James et Sirius utilisent puis, en faisant observer publiquement la culotte sale de Severus. Cette interprétation est confirmée lors de la deuxième immersion de Harry dans les souvenirs de Rogue pendant la bataille de Poudlard, après que Rogue, au moment de mourir, a transmis ses souvenirs à Harry. Effectivement, dans la nuit après l'altercation fatale, le garçon a essayé de s'excuser auprès de Lily, sans succès[80].

Dès le début, l'amour de Rogue pour Lily est compromis parce qu'il n'a pas d'exemple à la maison, pouvant lui montrer comment se construit une relation harmonieuse avec d'autres personnes. Il croit que l'amour existe, même s'il vit dans une famille sans amour. Lily Evans est pour lui l'exemple vivant qu'il existe. Son amour pour elle est constant, même quand il est rejeté, même quand elle se marie finalement à son rival James Potter. Il est tellement fort qu'il est prêt à trahir son maître Voldemort pour lui. Il va chez le seul sorcier qui a assez de pouvoir pour s'opposer à Voldemort, Dumbledore. Celui-ci, contrairement à Voldemort, a une bonne connaissance de l'âme humaine et il profite de cet amour pour protéger le fils de Lily.

L'injustice de la vie à son encontre atteint son comble durant la sixième année scolaire de Harry. Tout le monde sait que Rogue est un maître de la mixture de potions magiques et également qu'il maîtrise de nombreux sortilèges noirs. Cependant, personne n'établit de lien entre lui et le savoir faire soudain de Harry dans la matière « potions », même pas Hermione. Pourtant il y a de nombreux indices : le livre du prince de sang-mêlé vient de la réserve de livres de Rogue, le sortilège *levicorpus* fut souvent utilisé durant la scolarité de Rogue et de James Potter, d'après ce que Lupin dit à Harry. Harry voit dans la pensine que son père l'utilisait contre Rogue, mais James ne pouvait pas être le prince parce qu'il était de sang-pur. Quand Harry blesse Drago Malefoy sérieusement avec le sortilège *sectumsempra*, le garçon n'est pas surpris que Rogue, qui accourt, prononce sans hésitation le contre-sort, bien qu'il n'ait pas entendu quel sortilège était utilisé. Même l'injonction de Rogue de lui montrer tous ses manuels scolaires et son intérêt particulier pour le manuel de potions, n'éveille aucun soupçon chez lui. La différence entre Rogue comme Harry le connaît, et le prince qui lui apprend tant de choses est trop importante. Il est inimaginable qu'il puisse s'agir de la même personne. Harry va jusqu'à prétendre qu'il a appris plus du prince que de Rogue en cinq ans[81].

Dans cette situation, Rogue montre pour la première fois des émotions qui dépassent son aversion habituelle pour Harry. En principe il pourrait être fier que Harry ait appris tant de lui, malheureusement personne ne sait, qu'il est pour ainsi dire le professeur particulier de Harry dans la mixture de potions. Lorsque Harry tente d'utiliser les sortilèges du prince contre Rogue la colère de Rogue explose: « ... *vous voudriez retourner mes inventions contre moi, comme votre ignoble père, n'est-ce pas*[82] *?* » Non seulement Harry n'honore pas le savoir-faire de Rogue, en plus il l'appelle un lâche[83], lui qui vient d'accomplir une action incroyablement courageuse, en tuant un Dumbledore mourant à sa demande, tout en sachant qu'il serait traité d'assassin, que cela n'aura aucune importance qu'il ait ainsi sauvé la vie de Drago Malefoy et qu'il s'agit d'un coup supplémentaire dans le combat contre Voldemort. Au yeux de tous le meurtre prouve que Rogue sert Voldemort sans réserve. Personne n'est au courant de la mission de Severus Rogue : Protéger Harry Potter, bien qu'il le persécute officiellement pour le remettre à Voldemort.

Depuis le retour de Voldemort, Rogue travaille comme agent double. Chaque partie sait qu'il est dans le cercle rapproché de l'adversaire et les deux sont convaincus de sa loyauté. Voldemort est certain qu'il perce à jour tous les hommes et qu'il reconnaîtra un faux jeu immédiatement. Dumbledore est tout aussi convaincu du pouvoir de l'amour. Il n'a aucun doute que Rogue ne défend plus la cause de Voldemort, depuis l'assassinat de Lily, malgré la promesse de lui laisser la vie sauve. Jusqu'à la fin, il semble que le point de vue de Voldemort est le bon.

Le meurtre de Rogue est inattendu. En effet, depuis la mort de Dumbledore il paraît évident, qui est son maître. Harry, et avec lui le lecteur, sait aussi que Drago Malefoy avait déjà désarmé son professeur Dumbledore avant que Rogue ne le tue. Cependant, personne n'a rapporté ce détail à Voldemort, un détail qui n'a de l'importance que parce qu'il faut gagner la baguette de sureau au combat.

Est-ce que Rogue vit une vie accomplie ? On peut sans hésitation répondre par la négative. D'après les élèves, c'est son plus grand désir d'enseigner la défense contre les forces du Mal, non parce qu'il veut les combattre, mais parce qu'il les vénère. En fait, tout le monde part du principe que c'est la raison pour laquelle il n'a jamais obtenu le poste. Pourtant, la vraie raison est la malédiction que Voldemort a jetée sur la matière. Depuis le jour où Dumbledore a rejeté la candidature de Voldemort, personne ne peut la garder plus d'un an[84]. Mais il tient à cœur au directeur de garder Severus Rogue comme professeur à l'école. Que Rogue obtienne finalement le poste tant désiré, semble être un coup de plus de Dumbledore. Ce dernier sait qu'un poison mortel émane de sa main atrophiée et se répand dans son corps. Il prévoit que Voldemort prendra le pouvoir et trouve dans la personne de Horace Slughorn, un successeur acceptable pour tout le monde, pour enseigner les potions et désigne Rogue comme son successeur à la direction. Car Voldemort remercierait certainement le professeur fidèle qui a tué le directeur, en lui donnant le poste.

Étant le directeur de Poudlard, Rogue pourrait en dégager une certaine satisfaction. Cependant ses yeux disent autre chose. « Il [Harry] *avait oublié la façon dont ses cheveux gras et noirs tombaient autour de son visage maigre, oublié le regard mort, glacé, de ses yeux sombres*[85]. » Les yeux ont leur propre langage, le regard trahit des émotions telles que la surprise, la peur, la joie. La peur agrandit les yeux, la colère les fait se rétrécir. Cela ne peut être contrôlé par la volonté. Celui qui veut cacher toute émotion avec succès, doit empêcher ses yeux de le trahir. La seule possibilité d'y parvenir est la suppression de tous les sentiments, de les cacher au plus profond de soi et de les empêcher de monter à la surface. C'est pour cela que Rogue cache ses sentiments, aussi bien l'amour que la souffrance suite à la mort de Lily, au plus profond de son être. Mais ce faisant, il perd une part de sa vie. Dès le premier cours de potion de Harry, les yeux de Rogue sont aussi décrits: « *Ses yeux étaient aussi noirs que ceux de Hagrid mais ils n'avaient pas la même chaleur. Ils étaient vides et froids comme l'entrée d'un tunnel*[86]. » Ses yeux ne reflètent plus que la froideur de sa mort intérieure. On ne peut même pas dire que Rogue vit pour se venger. Son amour était sans espoir. Après la mort de Lily Dumbledore lui désigne une nouvelle tâche pour la vie, protéger de Voldemort le petit garçon de Lily. Une tâche amère, car l'enfant est également celui de son rival heureux dans la conquête de cette femme.

Comme tant d'hommes, Rogue vit parce que c'est ainsi. Il s'octroie la tâche de donner de solides bases dans l'art de préparer des potions magiques aux jeunes sorciers, toujours avec l'espoir d'obtenir un jour le poste de défense contre les forces du Mal, la matière qu'il maîtrise à la perfection. Par expérience il connaît l'attrait qu'elles peuvent exercer sur un homme, tout comme les facultés et capacités qu'il faut maîtriser pour s'en défendre. Lorsque, dix ans après la mort de Lily, Harry arrive à Poudlard, Voldemort redevient plus fort, ce qui fait que dès ce moment, Rogue doit participer à la protection du garçon. Une tâche difficile, car Harry a bien hérité les yeux de sa mère et, d'après Dumbledore aussi son caractère, mais ce qui saute aux yeux, c'est sa ressemblance avec son père, James. La plupart du temps Rogue ne résiste pas à la tentation de transférer son aversion du père sur le fils.

Pendant la sixième année de Harry, Rogue et Dumbledore en parlent. « - *On dirait que c'est son père qui est revenu... — Dans son apparence physique, peut-être, mais sa nature profonde est plus proche de celle de sa mère*[87]. » Malgré tout Rogue protège le garçon.

Les seules émotions que Rogue exprime occasionnellement sont celles de la haine et du dégoût. « *Rogue observa Dumbledore un moment, et l'on voyait la répugnance, la haine creuser les traits rudes de son visage*[88]. » Haine de soi mais aussi haine de Dumbledore qui lui a fait promettre d'être son assassin. Mais en fin de compte il n'a pas le choix. Dumbledore lui a « seulement » fait promettre, mais Narcissa Malefoy l'a lié à la même chose par un serment inviolable. Violer ce serment signerait son arrêt de mort[89]. Ne pas respecter le désir de Dumbledore de le tuer, signifierait permettre à Drago de tuer Dumbledore et de signer ainsi son propre arrêt de mort. Rogue n'a pas le choix. Il est obligé de tuer le directeur, ce que ses traits expriment.

Dans la scène avec Voldemort dans la cabane hurlante, quelques secondes avant son assassinat, l'expression de Rogue est encore une fois décrite. « *Son visage ressemblait à un masque mortuaire. Il était blanc comme du marbre et ses traits avaient une telle immobilité que lorsqu'il parla à nouveau, ce fut comme un choc de voir que quelqu'un vivait encore derrière ces yeux vides*[90]. » Harry, qui partage les sentiments de Voldemort dans sa tête, sait que Rogue est en danger de mort, et il se demande si Rogue aussi le sait. L'expression de Rogue montre que cela ne le touche pas. Intérieurement il est mort depuis longtemps, et reste uniquement en vie parce qu'il doit accomplir une tâche, tout comme Harry. Quelle menace peut représenter la mort pour quelqu'un qui a déjà tout perdu ? Qu'est-ce qui lui reste encore, maintenant qu'aussi bien son amour que son protecteur sont morts, maintenant qu'il a perdu le respect de ses collègues et aussi celui de la plupart des élèves, qui ne voient en lui que l'organe exécutif de Voldemort et qui vont jusqu'à s'introduire dans son bureau et se révoltent ouvertement contre lui ? Malgré tout, il fait toute l'année son travail, sans qu'on lui montre la moindre reconnaissance pour être le dernier bastion à Poudlard contre la barbarie des frère et sœur Carrow. Puis il doit exécuter la dernière volonté de Dumbledore, c'est à dire s'assurer discrètement et sans qu'on le remarque, que la quête de Harry réussisse. Par dessus tout, avec la certitude terrible, que l'exécution de la quête par Harry signera aussi l'arrêt de mort de celui-ci. Mais il tient sa promesse et ne recule pas, parce que c'est à ce prix élevé que la chute et la mort définitive de Voldemort peuvent être obtenues. Ainsi Severus Rogue est un personnage tragique dans le sens classique du terme comme Schiller le définit : « *Premièrement l'objet de notre pitié doit appartenir à notre espèce dans le sens absolu du terme et l'action à laquelle nous devons participer, être moral c.-à-d. être compris en tant que concept de la liberté. Deuxièmement la souffrance, ses sources et ses degrés doivent nous être communiqués en totalité, dans une suite d'actions liées et, troisièmement cela doit être représenté de façon directe, émotionnelle, non par une description indirecte, mais par l'action*[91]. » Il a la possibilité de ne penser qu'à lui, une fois son amour de jeunesse mort, de tirer un trait sur le passé, recommencer une nouvelle vie et de fermer les yeux face aux forfaits de Voldemort. Mais il choisit la voie la plus difficile. La bataille, secrète et pendant des années, contre la force du Mal, mais aussi contre son aversion pour le garçon, dans lequel survit une part de Lily. Il se décide à se battre pour le bien de la communauté des sorciers.

Pendant les quatre premiers volumes Rogue apparaît aux lecteurs comme un méchant méconnu. Ses yeux froids sont interprétés comme reflétant son insensibilité et le fait qu'il est sans merci, bien qu'ils soient en vérité la double conséquence de son deuil de l'amour perdu et de sa dissimulation face au monde. Les personnages principaux interprètent les actions de Rogue comme étant celles d'un être au fond mauvais, ce qui est à peine atténué par la perception idéaliste de l'homme par Dumbledore. Le lecteur suit aveuglement les protagonistes. Les premiers doutes surgissent quand Harry voit le pire souvenir de Rogue dans la pensine, ainsi que le petit garçon triste du passé, lors de l'intrusion accidentelle dans la tête de Rogue. Maintenant, pour la première fois on ressent de la pitié pour cette personne antipathique. D'autres doutes se font jour lorsque Hermione souligne que la présentation des arts noirs par Rogue ressemble beaucoup à celle de Harry et, qu'on apprend à la fin de la même année, que le prince de sang-mêlé et Severus Rogue sont une seule personne. Maintenant il faudrait admettre que Rogue a des bons côtés, ce que le contexte rend impossible : il vient de tuer Dumbledore. Rogue n'est pas le méchant que l'on croit, même s'il fait tout pour entretenir cette illusion. Bien que son amour pour Lily gouverne toute sa vie, il le cache au monde, parce qu'il sait que l'amour rend vulnérable. Cependant, pour cet amour secret il fait tout, se met en danger de mort et participe ainsi de façon décisive à la chute de Voldemort. C'est seulement après sa mort que sa grandeur morale est reconnue. Toutefois, les injustices de la vie perdurent, car après la mort de Rogue on ne trouve pas son portrait dans le bureau du directeur, parce qu'il a quitté son poste avant le terme. Seuls les directeurs qui meurent lorsqu'ils sont en service reçoivent cet honneur. C'est seulement après la mort de Rogue, quand Harry découvre la vérité sur son professeur dans la pensine et qu'il le réhabilite ensuite devant toute l'école, juste avant le dernier duel contre Voldemort, que sa grandeur et son immense courage sont honorés.

6 - Dumbledore, le magicien sage

Albus Dumbledore est directeur de Poudlard. Visiblement les dirigeants de l'école de sorcellerie ne sont pas obligés de partir à la retraite à un âge précis, ce qui est compréhensible dans la mesure où le poste exige de la sagesse et quelqu'un d'âgé. Pour coordonner l'apprentissage des jeunes sorciers et pour être respecté des professeurs, le directeur ne doit pas seulement avoir les qualités d'un dirigeant, il doit également être un sorcier puissant, car dans un monde de magiciens, il y a toujours le risque d'une attaque par des sortilèges, bien qu'il y ait évidemment des règles qui définissent quand, où et comment utiliser la magie. Toutefois, il ne suffit pas de faire confiance au respect des règles, il faut aussi être capable de reconnaître rapidement des irrégularités pour mieux les empêcher.

Dumbledore fait partie d'une longue lignée de magiciens de mythes, contes et romans en commençant par Merlin, en passant par le druide Panoramix des bandes dessinées *Asterix*, jusqu'à son prédécesseur le plus célèbre de la littérature contemporaine, Gandalf dans « *Le seigneur des anneaux* » par Tolkien. Gandalf et Dumbledore sont tous les deux vieux, avec de longs cheveux et barbes blancs. Ces sorciers sont des représentants typiques du vieux sage des contes que Marie-Louise von Franz décrit comme suit :

« *Dans les contes de fées, le vieil homme est habituellement un personnage bienveillant qui apparaît quand le héros en difficultés a besoin d'aide et de conseils. Il symbolise la concentration de la puissance mentale et de la réflexion dirigée: plus important encore, il introduit une pensée spontanément objective [...] Si le vieillard d'un conte n'est que positif ou négatif, il ne représente que la moitié de la nature du vieil homme archétypique tel qu'il apparaît, par exemple, dans l'aspect double de Merlin*[92]. »

Toutefois, tandis que Gandalf porte des robes grises et un chapeau de sorcier discrets, les vêtements de Dumbledore sont souvent de couleurs vives et plutôt excentriques. Dans un quartier de Moldus, il arrive vêtu d'une cape violette qui touche le sol et avec des chaussures à talons munies de boucles[93]. Son comportement n'est pas non plus celui qu'on attend d'une personnalité aussi respectée. Voici, par exemple l'allocution aux élèves avant le premier repas l'année scolaire: « *Nigaud ! Grasdouble ! Bizarre ! Pinçon*[94] ! » Un autre jour il s'apprête à raconter une blague douteuse, mais Minerva McGonagall l'en empêche[95]. De telles petites remarques lui donnent des traits humains. Au début il est perçu par Harry comme un vieux magicien un peu fou, qu'il respecte pour son savoir et sa position. Un autre trait de caractère du directeur est son arrogance et sa conviction d'être plus intelligent que d'autres, ce qui se voit dans de petites phrases comme : « *Etant doté d'une intelligence hors du commun*[96]. » Pendant longtemps l'aspect du magicien inspirant la terreur n'est connu que par ouï-dire. Ce n'est que lors de son combat avec Voldemort dans le ministère de la magie que toute l'étendue de la puissance de Dumbledore est mise en lumière. Pour Harry et par conséquent pour le lecteur, il ne prend forme que progressivement.

Bien que Albus Dumbledore soit un des premiers personnages présentés dans les livres, par la suite il n'apparaît que sporadiquement. La première fois qu'il adresse la parole à Harry c'est devant le miroir Riséd. À ce moment le lecteur a l'impression que le miroir a été déposé dans la pièce vide uniquement pour que Harry puisse le découvrir[97], et être préparé lorsqu'il devra combattre son ennemi à la fin de l'année. Puis le directeur apparaît après le combat contre Voldemort-Quirrel auprès de Harry dans l'infirmerie. Ici il est présenté comme le sauveur de la dernière minute, comme un sage qui possède plus d'informations qu'il n'en transmet aux autres. Cet aspect d'un puissant qui garde son savoir pour lui est mis en lumière dans *La chambre des secrets*, quand il déclare que la question n'est pas *qui* l'a ouverte mais *comment*.

Ce n'est que dans le troisième volume que Dumbledore intervient directement dans le cours des événements. En secret, il s'oppose au ministère de la magie et veille à ce que Sirius Black soit sauvé du baiser du détraqueur. Un an plus tard quand Voldemort réapparaît, il doit ouvertement prendre position. Le combat contre ce magicien noir puissant est une priorité qui passe avant sa loyauté envers le ministre. Comme Harry, son modèle Dumbledore, a une opinion personnelle. Dès qu'il considère une action comme étant justifiée, son exécution passe avant le soutien de l'interprétation officielle des événements, même s'il tombe en disgrâce à cause de cela.

Lorsque le ministère nie les faits Albus Dumbledore redevient le chef de l'ordre du phénix, qui a déjà combattu Voldemort avant sa disparition mystérieuse. Dans cette position, il oblige les adhérents de l'ordre à garder le secret de ces actions même envers des parents qui ne sont pas membres. Il le fait, parce qu'il soupçonne qu'il existe un lien spirituel entre Voldemort et Harry Potter depuis que Harry a survécu à la première attaque et qu'il a dû se renforcer quand Voldemort a pris du sang de Harry pour ressusciter. Toutefois, il n'en parle pas. C'est pourquoi Harry reste seul avec ses inquiétudes devant ses excursions dans les émotions de Voldemort qui le perturbent profondément. Ce qui mène finalement aux événements dans le département des mystères. A la longue Dumbledore comprend que son penchant à garder du savoir pour lui, peut avoir des conséquences inattendues. Mais cela n'a pas pour résultat qu'il montre plus de franchise. L'année suivante, lorsque, face à sa mort prochaine, il se résout à renseigner Harry sur Voldemort, mais ne lui transmet que le minimum d'informations, cela complique inutilement l'exécution de la mission de Harry.

Ce penchant pour la rétention des informations a ses racines dans son enfance, mais aussi dans sa méfiance envers les autres. Une méfiance en opposition à son attitude publique, où il donne l'impression de toujours voir le bien dans chaque homme[98]. Comme Voldemort s'est servi du sang de Harry pour recréer son corps, Dumbledore craint que cela ait renforcé la lien entre les deux à tel point qu'il y ait le risque que Voldemort s'introduise dans l'esprit de Harry. Dans ce cas Harry deviendrait sans le vouloir, son espion. C'est pourquoi il garde ses distances. Il est dans l'intérêt de tout le monde que Voldemort croie que Harry n'est qu'un élève comme les autres, sans aucun accès privilégié à Dumbledore. Le renforcement de Voldemort fait que l'action de Dumbledore devient plus urgente. Si, jusqu'à maintenant, il n'avait que le soupçon que Voldemort créa plusieurs horcruxes, il a désormais besoin de certitude quant à leur nombre. Depuis que Voldemort reprend des forces il devient urgent que Dumbledore agisse. La blessure presque mortelle reçue lors de la destruction du horcruxe dans l'anneau de Gaunt ajoute aussi à l'urgence de la tâche de transmettre son savoir. Harry, et indirectement Ron et Hermione, sont chargés de la mission de trouver et de détruire les horcruxes.

Bien que Dumbledore meure à la fin du sixième volume, dans le septième et dernier il est plus présent que jamais. Ce n'est que maintenant que les lecteurs apprennent petit à petit qui était Dumbledore. Jusque là il était un vieux magicien sage, sans passé, comme s'il avait toujours été vieux et devait continuer éternellement d'exister. Bien qu'il ait déjà fait observer qu'il est mortel, il semble toujours apparaître à la dernière minute et pouvoir résoudre tout. Sa mort est un choc. Elle semble être une trahison aux yeux de Harry. Ce n'est que maintenant qu'il devient évident que Dumbledore aurait pu donner beaucoup plus d'information à Harry et qu'il s'est entouré de secrets comme le souligne son frère Aberforth: « *Il a acquis le goût du secret sur les genoux de ma mère. Le secret et le mensonge, c'est là-dedans que nous avons été élevés et Albus… était très doué pour ça*[99]. » Aberforth lui même est un exemple du talent d'Albus pour le secret. Personne, même pas la journaliste Rita Skeeter, si curieuse, ne se demande ce qu'est devenu le jeune Aberforth. Jamais n'est fait le lien entre le patron du Tête de Sanglier et Aberforth Dumbledore.

6.1 - Différences et ressemblances entre Gandalf et Dumbledore

Comme il a déjà été mentionné, il existe des parallèles entre Gandalf et Albus Dumbledore. Cela n'est pas vraiment surprenant, en considérant que les deux appartiennent à l'archétype du vieux magicien sage. Dans les adaptations au cinéma des œuvres, cette ressemblance apparente est même plus marquée que dans les livres.

Il n'y a qu'un épisode où les ressemblances sont telles que beaucoup de lecteurs s'en aperçoivent. Il s'agit du passage devant et dans la Moria du *Seigneur des anneaux* et de celui de son miroir dans *le Prince de Sang-Mêlé* quand Dumbledore veut s'introduire dans la grotte de Voldemort. Dans les deux cas, l'accès à la grotte est bloqué par de l'eau. Il y a bien un chemin qui mène à l'entrée de la Moria, mais un barrage y retient l'eau dans laquelle guette un veilleur. C'est seulement parce que le niveau d'eau a légèrement baissé, et que le gardien dort, que les compagnons atteignent la porte fermée. Chez Rowling l'accès à la grotte est fermé de façon naturelle. Cachée dans une falaise au bord de la mer elle n'est accessible que si l'on se téléporte à marée basse puis nage sur un petit trajet. Dans les deux cas l'entrée est scellée par magie. Chez Tolkien il faut qu'on prononce le mot elfique, pour ami, pour que la porte s'ouvre. Même si des menaces guettent devant et derrière la porte, c'était autrefois un lieu amical et éclairé. La grotte de Voldemort, par contre, n'était jamais accueillante. À cet endroit, avant son admission à Poudlard, il essaya pour la première fois ses forces magiques dans le but de terrifier deux autres orphelins au point qu'ils ne s'en remirent jamais. Par conséquent la porte est fermée par une magie destructrice. Il faut s'infliger une blessure, parce que seul son propre sang en ouvre l'accès.

Pour les deux magiciens la grotte signifie la mort. Gandalf rencontre le Balrog, une sorte de démon du feu, qui l'entraîne avec lui dans les ténèbres. Ce n'est que beaucoup plus tard qu'on apprend qu'il a finalement vaincu le Balrog et échappé à la Moria. Dumbledore boit un liquide magique sous lequel Voldemort a caché son horcruxe et ce n'est que grâce à l'aide de Harry qu'il peut quitter la grotte. Cependant il meurt, extrêmement affaibli, à son retour à Poudlard. Au contraire de Gandalf sa mort est définitive, même si Ron et Harry espèrent parfois malgré tout qu'il soit encore en vie.

La grotte de Voldemort est encore plus sombre, plus désespérante que la Moria. Non seulement elle est plus petite, mais dans son lac secret se cachent des inferi[100], c'est à dire des corps morts et sans volonté qui attirent tous ceux qui les réveillent, avec eux, dans la mort. Ici il n'y a aucun espoir nulle part. Aucun Lórien à l'autre bout. Pas même la découverte que le vrai horcruxe avait déjà été volé, et que quelqu'un a devancé Dumbledore ne permet le moindre espoir. Dans *le Seigneur des anneaux* Gandalf désigne le but clairement, dès le premier volume : trouver la Montagne du Destin et jeter l'anneau dans les feux pour le détruire définitivement, ici seuls les obstacles et aventures sur le chemin ne sont prévisibles. Dans la série des Harry-Potter, on fait croire pendant les cinq premiers volumes que les objectifs sont d'empêcher le retour de Voldemort au pouvoir et l'assassinat de Harry Potter. C'est seulement au cours du sixième volume qu'on découvre l'existence des horcruxes. Mais Dumbledore ne donne aucune autre information que celle qu'il faut les détruire, avant que Voldemort lui-même puisse être tué. Mais Dumbledore ne dévoile pas la réponse à la question essentielle: comment s'y prendre? À la longue Harry doit se l'avouer : « *Dumbledore l'avait laissé pratiquement sans rien*[101]. » Dumbledore qui semblait toujours croire au bien dans l'homme est dans ce cas d'une méfiance extrême, se remet entièrement à l'intelligence de Hermione et à la loyauté de Harry, par peur que les informations décisives puissent tomber entre de mauvaises mains, ce qui ferait échouer définitivement le plan. Sur ce point Dumbledore s'écarte de façon décisive de l'archétype du magicien sage. Pendant six volumes l'écrivain montre au lecteur un personnage qui est conforme aux attentes du rôle sur la plupart des points. Les différences ne semblent exister que dans le but de donner plus de contours au personnage. Mais dans le dernier volume l'idéal est systématiquement démonté. Derrière l'archétype apparaît un personnage complexe avec un passé qui lui est propre, avec des expériences faites pendant l'enfance et l'adolescence, qui ont des conséquences à long terme sur ses actions.

Pendant longtemps le combat de Dumbledore contre Grindelwald, en 1945, est la seule information sur son passé. On l'interprète comme une preuve de son grand pouvoir. Son refus de devenir ministre de la magie est lu comme une confirmation du stéréotype. Est-ce que Gandalf ne tire pas lui aussi les ficelles dans l'ombre ?

Le premier signe qu'Albus Dumbledore a un passé comme tout le monde, sont ses cris implorants pendant que Harry lui fait boire la potion magique de Voldemort. Cette potion semble avoir un pouvoir semblable à celui des détraqueurs: réveiller à nouveau les pires événements d'une vie. On apprend vers la fin du septième volume ce que Dumbledore voit, lorsque son frère Aberforth raconte la mort prématurée de leur sœur Ariana. Ce n'est qu'à ce moment que l'on s'aperçoit du lien entre Grindelwald et le refus par Dumbledore du poste de ministre.

Le sorcier Gellert Grindelwald porte un prénom hongrois, l'équivalent du nom français Gérard. On peut aussi penser au magicien de théâtre Uri Geller, qui était connu à la fin des années 1970. Son nom de famille est le nom d'une petite ville dans les montages suisses qui se trouve au fond d'une vallée étroite entourée de hauts sommets. Pour des oreilles allemandes le nom a une sonorité sombre, on peut y entendre le mot *Grind*, escarre, croûte. Ou encore on peut penser aux grindylows (en français strangulot) de petites créatures malicieuses qui attirent les hommes étourdis dans l'eau et les noient. L'année du combat décisif entre les deux sorciers correspond à la fin de la seconde guerre mondiale. Cependant, avant que Grindelwald et Dumbledore s'affrontent comme ennemis, ils étaient durant un été des amis intimes. Ensemble ils forgeaient des plans de pouvoir et cherchaient les reliques de la Mort avec l'intention de faire advenir le règne des sorciers sur les moldus. Ils étaient prêts à sacrifier des individus pour y parvenir. C'est à la suite de la mort d'Ariana, de la fuite de Grindelwald et d'un coup sur le nez par Aberforth, que le jeune Albus revient à la raison. Face à la destruction de sa famille, qui est la suite de son aspiration au pouvoir, il se détourne de la politique et choisit le métier de professeur. D'une autre manière, ceci est aussi un travail pour le bien du plus grand nombre des sorciers. Eduquer de jeunes sorciers signifie influencer leur attitude face à la magie, essayer de leur inculquer des principes moraux. Les limites de cet effet se voient sur Tom Riddle/ Jedusor et ses mangemorts. Bien qu'éduqués à Poudlard, ceux-ci se tournent vers la magie noire. D'un autre côté, c'est le principe de l'école de faire une place à tous les talents. Après tout Salazar Serpentard était un sorcier noir.

6.2 - La grotte comme symbole

Aussi bien dans *Le Seigneur des Anneaux* que dans *le Prince de Sang-Mêlé* la grotte est un lieu d'épreuves, un endroit sombre, sans aucune lumière où des dangers inconnus guettent, mais qu'il faut traverser si le héros veut mener à bien sa mission. Dans *Le Seigneur des Anneaux* les compagnons, et Frodon en particulier, se sont entièrement reposés sur Gandalf jusqu'à ce qu'ils entrent dans la Moria. Dans les ténèbres de l'ancien empire des nains, Frodon remarque cependant qu'il a développé une ouïe plus fine et un sens du danger accru. Une fois échappé de la grotte il doit prendre ses décisions seul.

Dans *le Prince de Sang-Mêlé* la grotte symbolise le passage de Harry de l'enfance à l'âge adulte. Jusqu'ici, il agissait la plupart du temps de manière impulsive, il prenait bien des décisions mais tout en étant conscient que sa formation n'était pas encore achevée. Dans la grotte, bien que ce soit Dumbledore qui ait la responsabilité, le rapport de force change presque imperceptiblement. Harry fait ingurgiter consciencieusement au sorcier récalcitrant le breuvage terrible, comme il le lui a été ordonné. Il agit « pour le plus grand bien », c'est à dire non pas soucieux d'éviter à court terme des douleurs, mais prêt à les accepter si cela est inévitable pour atteindre un objectif plus important. Les souffrances de Dumbledore doivent être supportées, puisqu'elles sont le seul moyen d'atteindre le horcruxe. Une tâche qui a priorité sur tous désirs personnels. Un Dumbledore affaibli sauve encore Harry des inferi, mais ensuite c'est Harry qui doit prendre les commandes, pour que tous deux puissent ressortir de la grotte. Tout comme un Gandalf affaibli combat le balrog sur le pont pour permettre la fuite à ses compagnons, ainsi un Dumbledore très faible vole avec Harry sur les terres de Poudlard, car lui seul connaît les sortilèges de protection qui entourent l'école et peut les neutraliser. De fait, la grotte signifie la mort pour le magicien âgé. Pour le jeune Harry elle est la dernière étape avant l'âge adulte. Il a prouvé sa force, mais aussi une prévoyance éclairée, quand il a ordonné à ses amis de surveiller la *Salle sur Demande* pendant son absence et celle de Dumbledore et de leur céder de façon désintéressée la potion protectrice *Felix felices*.

6.3 - Pour le plus grand bien

Lorsqu'on apprend que Dumbledore savait depuis toujours, que la victoire finale sur Voldemort n'étant possible que si Harry Potter mourrait, on a l'impression qu'il est un homme sans cœur qui feint de l'intérêt, mais en réalité n'en a aucun pour son protégé. Qu'il le garde juste en vie jusqu'à ce que le temps de la dernière frappe contre Voldemort soit venu.

Tant que Dumbledore est en vie il semble être un protecteur pour Harry, soucieux de sa survie. Même la prophétie y change peu de chose. Bien qu'elle prédise que ni l'un ni l'autre ne peut survivre si l'autre vit, Harry part du principe qu'il doit tuer Voldemort, s'il ne veut pas être assassiné par lui. Dumbledore ne le contredit pas, bien qu'il sache que cette interprétation ne peut être correcte. Mais est-ce que cela est fait avec de mauvaises intentions ? Est-ce qu'il agit vraiment uniquement en vue de son objectif final, la mort de Voldemort ? Ne peut-on y voir un signe d'humanité ? Avec l'éclairage du chapitre « *le récit du prince* » dans le septième volume on a l'impression que Dumbledore n'avait comme seul but que la mort du héros. Dumbledore qui sait comment la vie de Harry se terminera probablement, s'excuse auprès du garçon de ne pas lui avoir parlé de la prophétie dès sa première année, avec les mots « *des erreurs d'un vieil homme*[102]. » A cet instant, cela semble avoir été une bêtise de ne pas en avoir parlé plus tôt, parce qu'il aurait été trop jeune pour supporter la vérité. Certes, le savoir aurait empêché les événements dans le ministère de la magie. Mais à quel prix ? C'était déjà assez difficile pour Harry, d'être poursuivi par Voldemort dès son arrivée à l'école. D'apprendre à onze ans qu'on doit devenir meurtrier si l'on ne veut pas devenir victime, aurait été un très grand poids, sans que le garçon en ait tiré le moindre avantage. A quinze ans, il a une certaine expérience de la sorcellerie et il a aussi appris la valeur de l'amitié. Ainsi, il a, comme Dumbledore avant lui, la possibilité de garder cette information pour lui. Cependant, quand il va chez la famille Weasley lors des vacances d'été suivantes, il en parle à Ron et Hermione et constate que cela lui fait du bien d'en parler et que les amis le soutiennent toujours, l'encouragent aussi[103].

Ne pas transmettre la prophétie dès le début n'était pas une folie mais un signe d'amour. Sa base était le désir d'offrir au garçon une jeunesse sans soucis, autant que cela était possible avec son passé. A Rogue, il se confie également juste avant sa mort, avec l'ordre d'en informer Harry uniquement au tout dernier moment, c'est à dire lorsque Voldemort saura que seul le horcruxe dans le serpent vit encore. Objectivement, tous les horcruxes y compris Harry, doivent être éliminés avant que Voldemort puisse mourir. Cependant, à côté des grands objectifs Dumbledore est aussi un homme qui a du cœur. Mais bien qu'il soit capable d'aimer, comme le prouve sa tristesse secrète pour sa mère et sa sœur et aussi son attention envers Harry, il est convaincu, tout comme Voldemort l'est, qu'il faut se méfier de l'amour parce qu'il ne fait que perturber l'exécution d'objectifs supérieurs. Ici le plus grand bien est compris dans le sens d'un bienfait pour le plus grand nombre de personnes. L'amour pour une personne particulière y fait obstacle. Même si Dumbledore souligne régulièrement à Harry l'importance de l'amour, il le considère malgré tout avec autant de méfiance que Voldemort.

Cela s'explique en partie par la biographie d'Albus Dumbledore. Contrairement à Voldemort, Dumbledore est toujours ouvert à de nouvelles expériences. Il est curieux et lit même la presse des moldus, parce qu'il sait que certains événements, dans leur monde, sont reliés au monde des sorciers et peuvent donc avoir de l'importance. C'est le cas avec la disparition du vieux moldu, qui était jardinier dans l'ancienne propriété des Jedusor. Cependant, étant donné que Dumbledore sait se mettre à la place des autres, il comprend également que Voldemort, qui considère l'amour comme une faiblesse, utilise cette faiblesse à son avantage. C'est le cas lorsqu'il menace ou tue une personne pour soumettre ses parents. S'il savait que Harry est un horcruxe, il partirait du principe que ceux qui l'aiment empêcheront sa mort. En préservant la vie de Harry ils garantiraient la survie de Voldemort. La réalité, difficile à admettre, est qu'il faut accepter la mort de Harry, si l'on veut protéger beaucoup d'autres vies humaines.

Dumbledore est habitué au fonctionnement du sortilège par lequel Lily Potter protège son fils de Voldemort et il garantit sa continuité en plaçant le garçon chez la sœur de Lily, Pétunia. Mais dans sa propre vie il ne laisse aucune place à l'amour. Pendant l'adolescence il ne s'intéressait qu'à ses études. Tant qu'il pouvait étudier en paix, il ne s'occupait pas de ce que faisaient sa mère, le frère et la sœur. Il considérait leur présence comme donnée et profitait d'une vie réglée. Tant que sa mère et son frère s'occupaient de la sœur dérangée, il était content.

Il ne prenait aucune responsabilité vis à vis de sa sœur. Toutefois, après la mort de Kendra, il pense que c'est son devoir comme aîné des enfants de s'occuper d'Aberforth et d'Adriana. Non par amour, mais par sens du devoir, déduit de réflexions théoriques, peut-être aussi par un sens des conventions. Cela ne suffit pas pour prendre soin d'une sœur malade. Aussi, quand Gellert Grindelwald apparaît, il oublie ses obligations. Pour la première fois de sa vie il rencontre un esprit égal au sien. Cette amitié est plus importante pour lui que tout devoir familial. Le conflit entre amitié et devoir mène à la catastrophe. Parce qu'il considère son désir de pouvoir et celui de son nouvel ami comme prioritaires, il néglige ses obligations de chef de famille. La sœur meurt et le frère ne veut plus rien avoir à faire avec lui. A cette époque les deux jeunes sorciers Dumbledore et Grindelwald partent du postulat que leur propre aspiration au pouvoir a comme objectif le bien-être de toute la communauté des sorciers. Il n'y a pas de place pour des membres de famille plus faibles.

Aux yeux d'Albus l'amour n'a que des conséquences dramatiques. Son père a puni des garçons moldus qui a torturé sa petite fille. Son amour le mène dans la prison des sorciers, Azkaban. Il a pris sa vengeance mais à un prix élevé. Sa femme et ses enfants doivent désormais vivre sans lui. User de représailles pour venger une mauvaise action a juste comme conséquence d'avantage de souffrances. Quand le jeune Dumbledore ne s'intéresse plus qu'à sa nouvelle amitié avec Grindelwald, il s'ensuit non seulement la perte définitive de sa famille, mais la nouvelle amitié ne survit pas non plus au conflit d'amour familial.

La petite Ariana Dumbledore avait décidé de ne plus faire de la magie. Cependant, comme le lecteur l'a vu avec l'exemple de Harry, la magie n'est pas contrôlable si l'on est en colère ou si l'on a peur. Ainsi Ariana tue sa mère pendant un accès de colère. Lorsque Aberforth souligne devant son frère ses manquements à ses obligations, il résulte une dispute entre les jeunes gens durant laquelle Albus perd tout, sa famille et son ami. Il aurait pu remettre toute la faute sur Grindelwald. En effet, celui-ci avait déjà été puni pour des faits semblables. Il fait preuve de grandeur quand il se reconnaît comme responsable principal et en tire des conclusions pour toute sa vie future. L'une de ces décisions est de tenir l'amour dorénavant à distance car il ne mène qu'à des souffrances personnelles.

Etre, pour Harry, un père trop aimant ne fait que compliquer les décisions qui doivent être prises pour détruire Voldemort. Effectivement, plus il est proche de Harry, plus la décision de laisser mourir le garçon devient difficile. Finalement le sens du devoir prend le dessus. Il cache la souffrance qui y est liée sous du sarcasme. « *Ne soyez pas choqué, Severus. Combien d'hommes et de femmes avez-vous vus mourir.*[104] ».? » Il met en avant la réaction de Rogue, ne dit rien de ses propres sentiments face à cette décision difficile. Mais il a du mal à informer Rogue pleinement de la terrible et indissoluble liaison entre Harry et Voldemort. C'est tellement difficile qu'il ne regarde pas son interlocuteur, mais garde les yeux fermés. Comme s'il était plus facile de regarder la vérité en face, comme on dit, justement en évitant d'ouvrir les yeux. Ne pas regarder son partenaire a l'avantage de ne pas se laisser influencer par ses expressions faciales. Le danger de ne plus avoir le courage de dire la vérité à la dernière minute, parce qu'on voit sa propre horreur reflétée dans les yeux de son interlocuteur est ainsi éliminée. Le bien de tous passe avant sa propre souffrance. La décision semble cruelle. Le lecteur est tout aussi terrifié que Rogue, et se sent trahi par l'auteur. Comment peut-elle oser envoyer à la mort le héros auquel les lecteurs se sont attachés depuis des milliers de pages? Toutefois, Rogue fait sien le point de vue de Dumbledore, ce qu'on voit quand il transmet à son tour, son savoir à Harry au moment de sa mort. Quand Harry voit le souvenir de Rogue, sa décision est au fond déjà prise et le lecteur ne voit pas non plus d'autres solutions face à la destruction de tant de vies pendant la bataille de Poudlard. Dumbledore a clairement identifié les problèmes, et même si certaines de ses décisions sont discutables, ses conclusions générales sont correctes. Maintenant à la fin de la série de romans, il devient clair que Dumbledore n'est pas uniquement un magicien sage et aimable, mais qu'il est également terrifiant. Ceci est tout à fait typique de l'archétype du vieil homme qui a des côtés clairs et des côtés obscurs. A l'inverse de Gandalf qui sauve finalement Frodon et Sam d'une mort certaine, Dumbledore ne sauve pas son héros. Si finalement, Harry ne meurt pas, ce n'est pas grâce à de l'aide à la dernière minute, mais parce qu'il accepte sa mort comme étant inévitable et ne combat pas Voldemort. Ainsi il se protège magiquement et livre le horcruxe en lui à la mort.

Dumbledore qui pendant six volumes ne semble être que l'archétype du vieil homme sage, montre dans le dernier volume non seulement le côté sombre du vieil homme, mais il perd aussi son aspect stéréotypé. Il devient un personnage différencié, qui a une histoire propre, ce qui a pour conséquence que ses décisions ne se justifient plus par son rôle, mais par l'histoire de sa vie.

7 - Voldemort

Voldemort est l'incarnation du mal. Il est le plus grand mage noir depuis des siècles et ne semble pas avoir de passé, comme s'il sortait du néant et était invincible. Comme c'est le cas des autres personnages des romans, il a dans l'original anglais un nom parlant : Tom Riddle-Voldemort. En français il devient Tom Jedusor.

7.1 - Pourquoi il est interdit de prononcer le nom de Voldemort

Le nom de naissance de Voldemort est en français Tom Elvis Jedusor. Dans l'original anglais il s'appelle Tom Marvolo[105] Riddle (énigme). Son anagramme donne « *I am Lord Voldemort* »[106] (je suis Lord Voldemort). Rowling a donné des noms rares à de nombreux personnages. Le deuxième prénom de Voldemort, Marvolo, en fait partie. Dans *Ce que vous voudrez* de Shakespeare on trouve un Malvolio. Une recherche sur Google donne Laura Suet Marvolo et Lindseyash Marvolo. Ce qui prouve que le nom n'a pas été inventé mais habilement utilisé. Si le nom français a été changé, c'est probablement à cause de la contrainte de l'anagramme qui doit donner « je suis Voldemort[107]. » Mais ce changement de nom pose par la suite des problèmes. Tom n'aime pas son nom ordinaire. Toutefois, en français au moins son nom de famille, n'a rien de banal. Il s'ensuit aussi la nécessité de changer le titre du premier chapitre de *la Coupe de feu*, qui perd son lien avec Riddle/Voldemort. En effet l'anglais « *The Riddle house* », la maison Riddle, devient « *La maison des Jeux du Sort'* » qu'il faut prononcer à voix haute pour trouver l'homophonie de Jedusor. C'est un peu tiré par les cheveux.

Tom Riddle/Jedusor déteste son nom ordinaire de moldu. Il veut se démarquer de la masse, être quelqu'un de particulier. De plus, un nom banal n'est pas digne de l'héritier de Serpentard. C'est pourquoi le jeune Riddle/Jedusor s'en choisit un nouveau: Voldemort. Ce qui n'est qu'un nom utilisé entre amis, devient sa nouvelle identité après son départ de Poudlard. L'ancien nom est oublié et peu de sorciers connaissent le lien entre le préfet en chef Tom Riddle/Jedusor et le terrible mage Voldemort. Ce nouveau nom illustre son attitude envers la mort. Voldemort, du français « *vol de mort* », n'a pas de signification unique. En effet, le mot vol/voler peut, suivant le contexte, signifier cambriolage, dérober, escamoter ou survol, survoler. D'où l'interprétation qui diffère suivant les auteurs, certains proposent le sens de « les ailes de la mort[108] ». Cette lecture est conforme au développement de Voldemort, puisqu'à la fin il sait effectivement voler dans les airs sans balai[109]. Je propose la deuxième lecture, « le voleur de la mort », dans le sens de quelqu'un qui vole la Mort de l'âme d'un humain. Comme le montre « *le conte des trois frères* » à la fin, la Mort prend tous les hommes. Voldemort croit avoir trouvé un moyen d'éviter sa propre mort, en ayant escamoté son bien à la Mort. L'américain David Colbert traduit Voldemort par « *fly from death* »[110]. En effet, comme le mot français *vol*, l'anglais *fly* a plusieurs significations: voler/survoler et s'enfuir. Voldemort serait donc non seulement celui qui vole sur les ailes de la Mort mais aussi quelqu'un qui fuit la mort parce qu'il en a peur. Cette lecture anglaise du nom est particulièrement convaincante. D'abord parce que l'original est écrit en anglais, ensuite parce qu'elle décrit très bien l'attitude de Voldemort, qui fait tout pour vivre éternellement parce qu'il craint la mort.

Depuis des millénaires on fait le lien entre le nom et l'essence d'une personne. Celui qui connaît le vrai nom d'un démon ou d'un dieu a du pouvoir sur lui s'il prononce le nom de la bonne façon. Par analogie cela s'applique aux humains. Chez de nombreux peuples un jeune homme reçoit un nom de guerre et il se défait de son nom d'enfance. En plus de ce nom utilisé au quotidien, il existe un nom secret, le vrai que peu de gens connaissent, car sa connaissance et surtout sa prononciation par des ennemis risqueraient de leur donner de la puissance sur le porteur. Cette règle s'applique également au monde magique de Rowling.

Dans le monde des moldus, le nom de Voldemort et ses terribles méfaits sont inconnus, ce n'est qu'un mot vide qui ne représente rien. Tel un mot dans une langue étrangère qu'on ne comprend pas parce qu'on ne sait pas ce qu'il représente. Après sa première rencontre avec Voldemort, Harry Potter comprend la peur du nom qu'ont les autres sorciers. Le régime de terreur de Voldemort était tel qu'il égalait un démon. Dans l'esprit de la plupart des sorciers, la prononciation du nom pourrait le faire apparaître, ce qui risquerait d'être mortel dans la mesure où il maîtrise des sortilèges plus puissants qu'eux. C'est pourquoi tout le monde l'appelle « Celui-dont-on-ne-doit-Pas-Prononcer-Le-Nom » ou « Tu-Sais-Qui »même quand il a déjà disparu depuis des années. Cependant, ne pas nommer une chose lui donne un air de mystère, comme si elle était plus que le nom n'indique. Dumbledore le formule ainsi : « *Nomme toujours les choses par leur nom. La peur d'un nom ne fait qu'accroître la peur de la chose elle-même*[111]. » Pendant longtemps cette peur du nom n'est effectivement pas davantage qu'une attitude superstitieuse. Toutefois, après la mort de Dumbledore, quand Harry échappe une nouvelle fois à Voldemort, celui-ci met réellement un sortilège sur son nom, qui lui révèle la personne qui le prononce. Que Voldemort attende jusqu'après la mort de Dumbledore pour ce faire, prouve qu'il est bien le plus grand mage noir, mais qu'il sait que Dumbledore était plus puissant, même s'il ne l'admet pas. De plus, son retour ne s'est pas passé aussi bien que prévu. L'ordre du phénix le combat toujours. Dumbledore et Harry Potter ne sont plus les seuls à oser prononcer son nom. Ce manque de respect risque d'affaiblir sa position, ce que Ron exprime: « *Ne prononce pas ce nom ! [...] j'ai l'impression que c'est devenu un maléfice, ou quelque chose comme ça. On ne pourrait pas l'appeler Tu-Sais-Qui… s'il vous plaît ?* » Et suite aux protestations de Harry, il ajoute: « *Essaye de montrer un peu de respect envers Tu-Sais-Qui, tu veux bien*[112] *?* » Si le fait de prononcer le nom de Voldemort pour prouver son opposition et sa hardiesse a pour conséquence immédiate d'être rattrapé par les partisans de Voldemort, il faut obligatoirement y renoncer. Du respect face à la puissance de l'adversaire n'est pas seulement une condition symbolique pour pouvoir le combattre avec succès, mais tout simplement une condition pour continuer le combat. Ainsi Kingsley, un fonctionnaire du ministère, est forcé à la clandestinité après avoir prononcé le nom[113].

Le simple son du nom de Voldemort est sinistre. Tout comme l'est le nom qui désigne le lieu du mal dans *le seigneur des anneaux* : Mordor, qui fut probablement créé d'après le vieil anglais mor∂or (meurtre)[114]. Dans les deux cas un double *o* sombre, deux fois le mot *mort* qui dérive du latin *mortuus*, participe *mori*, en Français mourir[115]. Il s'agit d'un nom choisi dans l'intention de semer la terreur. Dans les deux œuvres les protagonistes hésitent à les prononcer. Cependant à la différence de Tolkien où Mordor, le lieu du mal en soi, n'est qu'un faible reflet d'Utumno ou d'Udûn encore plus terrifiant dont parle le *Silmarillion*, Voldemort est entièrement humain. Caché derrière ce nom, existe toujours Tom Riddle/Jedusor. Peut-être a-t-il cru que l'ancien nom aurait disparu à jamais après la mort de Dumbledore. Mais, Harry, Ron et Hermione le connaissent, tout comme Slughorn qui se garde cependant bien de l'admettre. Sans hésitation on peut partir du principe, que c'est le nom de naissance de Tom Riddle/Jedusor qui est réellement interdit, parce que le vrai nom. La connaissance de ce nom le renvoie à sa condition mortelle. Il lui enlève tout secret et le fait redevenir humain. Et une fois tous les horcruxes détruits, il ne reste plus que l'homme derrière Voldemort, Tom Riddle/Jedusor qui doit mourir comme tout être humain. Harry souligne ce fait quand il interpelle Voldemort de nouveau par son nom de naissance, Riddle/Jedusor, lors du dernier combat[116].

7.2 - La vie de Voldemort

Dans le premier volume on n'apprend rien de l'histoire de Voldemort, mise à part sa disparition après la tentative de meurtre du Harry.

A la fin de *La Chambre des Secrets* s'ouvre une fenêtre sur le passé de Voldemort, sous les traits de Tom Riddle/Jedusor « *Voldemort est à la fois mon passé, mon présent et mon avenir* ». Il n'est plus juste un éclair vert, la figure grotesque d'un serpent dans la tête de Quirrel. Au contraire, il est un élève agréable et bien éduqué, à qui ses professeurs prédisent une carrière brillante. Son avenir est effectivement remarquable, mais pas dans l'administration des sorciers comme ils l'avaient attendu. Au contraire son objectif est un règne absolu par la tyrannie.

Au fil des ans, le passé de Tom Riddle/Jedusor est dévoilé. Il naît dans un orphelinat où sa mère a trouvé refuge. Juste après la naissance de l'enfant, elle meurt. Comme personne ne sait s'il a encore de la famille quelque part, il y passe toute son enfance. C'est son admission à Poudlard qui lui permet de quitter l'orphelinat. A partir de ce moment et jusqu'à sa majorité, il y retourne une fois par an, pendant les vacances d'été. Toutes les possessions de l'enfant tenaient dans une armoire. Il n'avait pas d'amis. Les autres orphelins le craignaient parce qu'il pouvait visiblement leur nuire même en son absence. Il avait du pouvoir sur les objets et les hommes, ce qu'il utilisait exclusivement pour blesser les autres. De cette façon il avait un certain pouvoir, mais au prix d'un isolement absolu et assorti du soupçon qu'il était fou.

La première amélioration de sa vie apparaît dans la personne de Dumbledore qui lui annonce qu'il est un sorcier et en aucun cas un fou. Toutefois, l'admission de Tom Riddle/ Jedusor à Poudlard est liée à quelques conditions relatives à son comportement, en particulier l'interdiction de voler ses camarades et de faire de la magie à l'extérieur de l'école.

A Poudlard Tom devient rapidement un élève respecté car il est exceptionnellement doué. Enfin, il trouve des amis qui l'admirent et l'imitent. Toutefois, aucun d'eux ne lui est réellement proche. Il les tient tous à distance, ne fait confiance à personne. Son lien avec ses amis et partisans est basé sur son savoir-faire en tant que sorcier. Ce n'est pas un lien entre pairs, mais celui de maître à subordonnés. Car, par principe, Riddle/Jedusor ne fait confiance à personne. Sa plus grande peur est le fait de montrer des sentiments, d'avoir une réaction émotionnelle qui le rendraient vulnérable et attaquable.

La découverte d'être un descendant direct de Salazar Serpentard a dû être une grande satisfaction, suivie de déception lorsqu'il rencontre son minable oncle Morfin Gaunt, dans lequel ne survit pas la moindre trace de l'ancienne grandeur. Seule la faculté de parler aux serpents a résisté au temps. L'unique héritage est l'anneau des Peverells. Rien dans cette histoire familiale n'aide à voir du bon dans l'humanité.

Son père quitte sa femme enceinte quand il découvre qu'elle est une sorcière. Suite à cet abandon, celle-ci semble avoir arrêté d'utiliser la magie et sans volonté de vivre, elle décède à la naissance de l'enfant. Son oncle Morfin est aliéné. Probablement Merope ne voyait pas d'autre issue que la mort. En effet, elle a grandi sans mère dans une cabane délabrée, sans aucune éducation, avec un père qui méprisait à ce point ses facultés magiques qu'il l'a traitée de cracmolle et un frère qui tuait des serpents et les clouait sur la porte d'entrée. Les deux hommes semblent avoir considéré comme un signe de leur grande noblesse le fait de parler fourchelang et de descendre en ligne ininterrompue de sorciers, ce qui valait plus à leurs yeux que leurs conditions de vie minables.

Merope rêvait de quitter sa vie misérable. Le beau Tom Riddle/Jedusor lui paraissait comme le prince des contes. Elle espérait avoir trouvé en lui un être qui l'aimerait pour elle même. Mais sans la confusion des sens provoquée par l'élixir d'amour, Merope ne lui est rien. On ne peut que supposer que pour lui l'important était la forme. Ce qui comptait pour lui était la beauté extérieure et l'origine. Mais Merope n'était pas belle et son sang-pur ne pouvait à lui seul suffire à un moldu, puisqu'il avait vu dans quel environnement lamentable elle avait passé toute sa vie. Sous le contrôle constant du père et du frère elle ne semble pas non plus avoir eu d'amis. Où aurait-elle pu allée, enceinte d'un moldu ? Pas à la maison. Probablement on l'y aurait tuée, elle et son enfant. Ainsi l'orphelinat devint la seule solution.

Au constat de ce qui en est advenu au cours des siècles de l'ancienne grandeur des Serpentards on ne peut qu'arriver à la conclusion qu'il faut plus que du sang « pur » pour devenir un grand mage.

Toute la vie de Voldemort semble prouver l'hypothèse qu'il ne faut faire confiance à personne et qu'on doit prendre seul sa vie en mains, pour accéder à la reconnaissance et au pouvoir. Contrairement à Harry il sait entièrement fermer son esprit et il est un manipulateur expérimenté. Il veut s'affranchir de la condition humaine, n'exister que par lui même.

Personne ne doit connaître ses origines, ni qu'il a grandi dans un orphelinat, ni que son père était un moldu. Il ne mentionne à âme qui vive la famille Gaunt, des sang-purs délabrés. Il met en avant son ancêtre Salazar Serpentard, l'un des fondateurs de Poudlard. Cela lui permet de faire croire qu'il est un sorcier de la meilleure descendance.

Riddle/Jedusor est vulnérable et a peur de la mort. En tant que Voldemort il se met en scène comme le vainqueur de la mort. De son point de vue tous les dangers proviennent des autres humains. Il craint que s'il montre une faille, une faiblesse, les autres en profiteront pour les exploiter contre lui. Tout comme il se sert de son savoir sur eux pour les humilier et les diriger. Il a perfectionné la manipulation grâce à la légilimancie. La légilimancie est l'art de lire dans les pensées de son interlocuteur, d'y découvrir tout mensonge. De même toute pensée d'un avantage personnel est punie parce que ce serait une trahison envers Voldemort. Il attend une soumission absolue de ses partisans. S'il a besoin d'eux, ils ont intérêt à venir tout de suite. Ne pas venir peut être puni de mort.

Parce que la vie de Tom Riddle/Jedusor a été obscurcie par la mort de la mère, qu'il considère comme une traîtrise, il déclare la mort comme étant son ennemie. L'idée d'être mortel lui est inacceptable. C'est pourquoi il veut la vaincre. Le désir de vaincre la mort et de devenir immortel est répandu, comme nous l'avons montré dans le chapitre *à la recherche de la vie éternelle*. Ce qui est inhabituel c'est la démarche de Riddle/Jedusor. Il se sert de l'énergie contenue dans les sentiments qu'un meurtre déclenche chez un meurtrier, pour protéger sa propre vie. Il enferme cette énergie dans un objet. Pas n'importe quel objet, mais celui qui a une valeur emblématique pour lui. Le journal intime contient la preuve qu'il est l'héritier de Serpentard. Le médaillon et l'anneau sont des héritages de la famille Serpentard/Peverell, la coupe de Poufsouffle et le diadème de Serdaigle sont liés aux autres fondateurs de Poudlard, et font partie de sa famille spirituelle. En implantant une part de son âme dans ces objets hautement symboliques, Riddle/Jedusor, héritier de Salazar Serpentard, se les approprie complètement. Il se place au-dessus d'eux, fait de Serpentard la maison la plus puissante. Ce qui lui donne le droit de dissoudre les autres maisons. « *Il n'y aura plus de maisons. L'emblème, le blason et les couleurs de mon noble ancêtre, Salazar Serpentard, suffiront à chacun...*[117] » Mais ce rêve de toute-puissance se brise quelques secondes plus tard, quand Neville

Londubat tue le sixième et dernier des horcruxes, le serpent Nagini, avec l'épée de Gryffondor.

7.3 - Les Horcruxes de Voldemort

Le mot horcruxe apparaît pour la première fois dans le sixième volume de la série des Harry-Potter. Slughorn se souvient que Tom Riddle/Jedusor l'a interrogé à leur sujet pendant sa scolarité[118]. Toutefois ce n'est que par une voie détournée, et avec un peu de chance, que Harry obtient le souvenir en entier[119], et ce n'est qu'à la fin du dernier volume que l'étendue de ce sortilège noir apparaît.

Pourquoi est-ce que Voldemort divise son âme au lieu de préparer un élixir de vie comme le fait Nicolas Flamel ? Probablement, parce qu'il ne veut pas être dépendant de conditions extérieures. Effectivement, il faut boire l'élixir régulièrement. La pierre aurait aussi pu lui être volée et être détruite.

Comme il a déjà lu toute la littérature au sujet des horcruxes au moment où il demande conseil à son professeur, du moins d'après les conclusions de Dumbledore sur l'entretien de Riddle/Jedusor et Slughorn, il devait être au courant des risques de la séparation de son âme. Le livre que Hermione lit plus tard, souligne ces dangers de la séparation de l'âme, en particulier les risques qui sont liés à une tentative ultérieure de reconstitution, ce qui n'est possible qu'en cas de repentance sincère des meurtres commis[120].

La question se pose de savoir à quoi Voldemort a pensé en fabricant des horcruxes. Etait-ce l'idée unique d'obtenir une âme immortelle? Comment garder le contact entre les différentes parties ? Comment pourraient-elles l'aider en cas d'attaque de son corps ?

Les livres ne comportent aucun indice. Le but des horcruxes était l'immortalité à n'importe quel prix. Probablement, Voldemort croyait vaguement que son moi conscient le remarquerait si l'un des horcruxes était détruit. De plus la question lui semblait vraisemblablement purement théorique, puisqu'il partait de l'à priori que personne ne savait qu'ils existaient et même, si quelqu'un en trouvait un par hasard, ce serait plutôt le horcruxe qui détruirait le découvreur, que l'inverse.

Cette réflexion comporte deux erreurs: d'abord Voldemort sous-évalue la valeur des informations partagées. Si Lucius Malefoy avait su que le journal intime était d'une valeur inestimable, parce qu'il contenait une part de l'âme de son maître, il l'aurait traité avec plus de respect. La deuxième erreur a des suites de plus grande portée: parce que Voldemort méprise les faiblesses humaines, il ne s'est jamais intéressé à la psychologie. Il a peur de la mort et de l'amour. L'amour n'est qu'une faiblesse pour lui, parce qu'il repose sur la confiance dans un autre être humain. Il ne fait confiance à personne et a fermé son cœur à tout sentiment humain. Avec chaque nouveau horcruxe une émotion disparaît. A la fin il ne reste rien d'autre que l'irascibilité. Mais du fait qu'il se protège des sentiments il ne peut pas non plus remarquer si un sentiment caché dans un horcruxe n'est pas seulement inaccessible mais a effectivement été tué.

Dumbledore semble être le premier à découvrir que Voldemort a fabriqué des horcruxes. L'aventure de Harry dans la chambre des secrets lui montre que Voldemort avait ensorcelé le journal intime d'une façon très particulière. La partie du journal qui montre les événements passés fonctionne comme la pensine. Elle permet de participer à l'épisode comme si l'on y était, sans que le scénario en soit changé pour autant. Pour les protagonistes d'alors, le spectateur, qui ne peut influencer les événements d'aucune façon, reste invisible. Cet aspect du journal intime est relativement insignifiant, bien qu'il ait été sûrement important quand Riddle/Jedusor le construisit. Car Riddle/Jedusor « écrivit » le journal, parce que, lorsqu'il lâcha le monstre de Serpentard, il ne pouvait avouer à personne ce qu'il avait fait et comment on faisait pour ouvrir la chambre. Cacher le secret du fonctionnement de la chambre des secrets dans un agenda était un moyen de prouver que Riddle/Jedusor était l'héritier légitime de Serpentard et lui donnait l'opportunité de rouvrir la chambre à nouveau dans un avenir plus ou moins lointain[121]. Riddle/Jedusor mit cinq ans pour dévoiler le secret. Ce n'est que très humain de chercher la reconnaissance pour cet exploit. Mais Riddle/Jedusor, qui ne faisait confiance à personne, cachait déjà systématiquement son jeu quand il était encore adolescent. A l'âge adulte, bien qu'il remette l'agenda pour conservation à son fidèle Lucius Malefoy, il lui dit seulement que l'agenda permet d'ouvrir la chambre des secrets. Cette information lui semble nécessaire, s'il ne veut pas que le vieil agenda soit jeté aux ordures. Car à première vue il n'a jamais été utilisé, comme le constate Harry quand il le trouve[122].

A vrai dire, cacher des informations à ce point, signifie que beaucoup de choses sont laissées au hasard,. Toutefois, le horcruxe caché à l'intérieur de l'ancien agenda prend soin que le livre ne puisse pas être jeté. Si on l'a entre les mains, on l'empoche, bien qu'il ait cinquante ans et soit vide. C'est ce qui arrive à Harry et avant lui à Ginny Weasley.

Hermione explique de quelle manière un horcruxe influence les gens qui entrent en son contact:

« *Tant que l'Horcruxe est intact, le fragment d'âme qu'il contient peut pénétrer à l'intérieur d'une personne et en sortir à sa guise si cette personne s'approche trop près de l'objet. Je ne veux pas dire le toucher longtemps, ce n'est pas une question de contact physique [...] Je veux plutôt parler d'une proximité émotionnelle. [...] On a de gros ennuis quand on s'attache trop à un Horcruxe, ou qu'on en devient dépendant[123].* »

L'agenda était le premier horcruxe de Riddle/Jedusor. On pourrait dire qu'il s'agissait de son œuvre d'apprentissage. Il est probable que Riddle/Jedusor l'ait vraiment perçu ainsi, étant donné que l'âme n'était pour lui qu'un aspect en partie inutile de l'être humain.

Cependant, avec chaque horcruxe qu'il construit ses traits perdent un peu de leur humanité. Il s'agit du phénomène inverse à celui du cas de Dorian Gray, dont les traits visibles restent invariablement beaux, tandis que son portrait reflète l'état intérieur de son âme. Dans le cas de Voldemort, l'apparence qui est de moins en moins humaine, reflète l'étendue de la destruction de son âme.

Voldemort construit des horcruxes pour ne jamais tomber entre les mains de la mort, pour vaincre la mort, tout comme les trois frères du conte. Voldemort tue des hommes pour leur survivre. Leur mort doit garantir sa vie éternelle[124].

Les sorciers qui ont écrit sur les horcruxes déconseillaient de les enfermer dans des êtres vivants. Mais Voldemort qui doit sa survie dans les forêts en partie aux serpents et dont le visage a quelque chose du serpent, renforce par son horcruxe dans Nagini, sa relation symbolique au serpent, emblème de la maison Serpentard.

Tous les meurtres ne déclenchent pas de grandes émotions chez Voldemort. Certaines de ses victimes meurent uniquement parce qu'elles sont sur son chemin, comme c'est le cas de Cédric Diggory[125]. Les meurtres de son père et de ses grand-parents par contre, sont des actes de vengeance du fait qu'ils ne se sont jamais préoccupé de son existence. Ses premiers meurtres, un an après qu'il avait ouvert la chambre des secrets, conduisent à sa décision de fabriquer plusieurs horcruxes. Le tout premier - celui du journal intime - était une sorte d'œuvre d'apprentissage. L'étendue de l'abandon de ses relations du côté maternel lui ont définitivement prouvé à quel point il est facile de détruire une vie humaine. Un seul horcruxe ne lui semble plus suffisant, pour garantir sa propre survie éternelle, il en faudrait sept.

Pourquoi choisit-il le nombre sept - six horcruxes plus son moi corporel ? Cela s'explique par la magie, qui est inhérente au nombre. Dans de nombreuses religions et chez beaucoup de peuples c'est le nombre de la perfection. Dieu créa le monde en sept jours, sept planètes tournent autour du soleil, dans un nombre important de contes le sept magique apparaît également (sept frères, sept nains, sept montagnes, etc.) « 7 - est la somme de 3 + 4, nombre de la plénitude et de la complétion ; le nombre qui unit le spirituel et le matériel[126]. » Slughorn, professeur de Riddle/Jedusor est horrifié par cette prétention[127], non seulement parce que cela suppose une immense mutilation de l'âme, mais aussi parce que derrière, pointe l'ambition de devenir semblable à Dieu.

Dans la nuit durant laquelle Voldemort veut tuer le petit Harry Potter, parce qu'il croit que sans cela, celui-ci deviendra son plus grand adversaire, son sortilège se retourne contre lui-même. Grâce à ses horcruxes il ne meurt pas, mais il ne vit plus vraiment non plus. Voldemort perd son corps et aussi une partie de sa force de volonté. Il est à ce point affaibli qu'il ne peut pas imposer sa volonté à un être humain. C'est pourquoi il végète pendant des années dans les corps de petits animaux, tels que des serpents. Durant cette période il est obligé de reconnaître que ses partisans fidèles ne l'étaient qu'aussi longtemps qu'il pouvait les punir pour manque de loyauté. Dès qu'il disparaît, ils ne pensent qu'à sauver leur propre peau. Après dix longues années dans les forêts d'Albanie, Voldemort rencontre Quirrel, un esprit faible, à qui il peut imposer sa vie corporelle diminuée. Sa volonté est de nouveau assez forte pour mettre Quirrel affaibli sous son pouvoir. Quand celui-ci est incapable de se saisir de la pierre philosophale, il l'abandonne à la mort et retourne dans sa cachette précédente, où Peter Pettigrow (Queudver) le trouve deux ans plus tard. Ce traître des Potters s'était déguisé pendant des années sous les traits du rat de Ron et vivait ainsi tout proche de Harry. Pettigrow est faible et lâche, prêt à aider Voldemort à retrouver un corps, à condition que celui-ci le protège de ses anciens amis. Pettigrow se sent impuissant, à la merci de la volonté de tout homme ayant plus de force de caractère. Les soins de Pettigrow permettent au minuscule corps difforme de Voldemort de reprendre rapidement des forces et il est à nouveau capable de tenir sa baguette magique, faculté qu'il utilise tout de suite pour commettre d'autres meurtres, ceux de Bertha Jorkins et du vieux jardinier.

Pour permettre à son maître de retrouver un corps humain, Queudver accomplit un rituel magique pour lequel il faut avoir les os venant du tombeau de Riddle/Jedusor sénior, du sang de Harry Potter et la main droite de Pettigrow. Voldemort ne sait pas que Queudver doit lui-même sa vie à Harry Potter, et qu'à cause de cela, lui aussi porte, au moins potentiellement, ce souvenir, parce qu'il s'est servi du sang de Harry et de la main de Pettigrow pour reconstituer son corps. Sans l'aide active de Queudver Voldemort n'aurait pas pu renaître. Mais Voldemort ne montre pas de gratitude, seulement du mépris. Car à ses yeux la gratitude n'est qu'une faiblesse, qui le lierait moralement à son serviteur. A la fin, la main artificielle que Voldemort a créé pour le petit Pettigrow le tue, quand son propriétaire hésite un instant à assassiner Harry en se souvenant de l'aide reçue. Ce signe d'humanité face à son pire ennemi punit Voldemort de mort.

Voici l'ordre de création des horcruxes par Voldemort, à laquelle ont servi les tensions qu'ont généré dans l'âme des meurtres particulièrement abjects[128].

Le premier est le journal intime, créé après la mort de Mimi Geignarde. A l'origine il devait servir de clé permettant l'ouverture de la chambre des secrets, et n'est pas protégé par d'autres sortilèges. Comme s'il n'était pas venu à l'esprit du jeune Riddle/Jedusor que le danger de sa destruction existait. Cela est un peu surprenant dans la mesure où il est censé appeler un basilic, une créature dont le poison est l'un des rares pouvant détruire un horcruxe. Voldemort attribue la faute de la destruction de l'agenda à Lucius Malefoy. Mais au fond c'est sa propre faute. Non seulement Malefoy ne sait rien de la vraie valeur du livre, mais s'y ajoute que le morceau de l'âme de Voldemort qu'il contient mène une vie d'une certaine autonomie. Ce fragment adolescent tente d'aider Voldemort qui végète et de tuer Harry Potter à l'aide du basilic. Cependant, c'est Harry qui détruit l'agenda-horcruxe avec une dent de basilic empoisonnée.

Le deuxième horcruxe est l'anneau de Gaunt. Après l'assassinat de son père et de ses grand-parents Riddle/Jedusor s'approprie cet héritage. Quelque temps plus tard il décide d'en faire un horcruxe. Au moment de l'exécution du sortilège, la décision de Voldemort de couper son âme en sept est déjà prise, mais la septième part devait rester dans le corps de Voldemort.

L'ordre de création des trois horcruxes suivants, la coupe de Poufsouffle, le médaillon de Serpentard et le diadème de Serdaigle, est sans importance. C'est seulement le sixième horcruxe qui revêt une importance symbolique particulière, car il doit être le couronnement final de l'œuvre, même s'il s'agit d'une œuvre dont seul le créateur connaît l'existence. Le meurtre de Harry doit éliminer définitivement tout danger provenant d'un futur adversaire potentiel. Toutefois, au cours du méfait, sans que Voldemort s'en aperçoive, un éclat de son âme se réfugie dans le petit Harry.

Etant donné que Voldemort croit qu'il lui manque encore un horcruxe, il en cache un dernier dans le serpent Nagini. Le meurtre de Berta Jorkins y sert[129].

Tandis que de nombreux lecteurs veulent à tout prix savoir quel meurtre déclencha chacun des horcruxes, cette question semble avoir été secondaire pour l'auteur. L'essentiel était le principe. Voldemort, pour ne jamais devoir mourir, partage son âme en sept, et involontairement en huit éclats. L'un d'eux est, à son insu, caché dans Harry Potter. La preuve de cette thèse est apportée dans *le Prince de sang-mêlé* par la déclaration que seuls des meurtres significatifs ont servi à la création des horcruxes. En même temps Dumbledore dit que le meurtre du moldu Frank Bryce aurait été l'élément déclencheur du horcruxe Nagini. On peut suivre cet argument dans la mesure où le sorcier n'avait alors qu'un corps rudimentaire et faible, et le meurtre était donc la preuve qu'il reprenait des forces. Mais le meurtre de Bertha Jorkins l'est dans une plus grande mesure. C'est pourquoi, lors d'une interview avec des admirateurs, l'auteur déclare que la mort de Bertha était le déclencheur. Cependant, en cela elle suit les arguments de lecteurs attentifs et est en opposition avec les informations données dans le sixième volume. Pour le déroulement de l'histoire il est sans aucune importance de savoir quel méfait était l'élément déclencheur. L'auteur s'incline cependant devant le désir de ses lecteurs et nomme une victime précise pour chaque horcruxe[130]. Mais un clochard moldu et un paysan alban sont-ils les victimes de meurtres importants? Ils font plutôt partie de la catégorie des personnes tuées parce qu'ils étaient simplement sur le chemin de Voldemort. Toutefois, comme on ne sait rien de la vie de Riddle/Jedusor une fois qu'il a quitté l'école, toute conjecture est possible, mais vaine et contre-productive, car sans importance pour le récit.

Dans le cas de Harry et de Nagini il s'agit de réceptacles vivants d'éclats de l'âme de Voldemort or, il est déconseillé de cacher un horcruxe dans un être vivant, parce que celui-ci mène une vie indépendante et ne peut pas vraiment être contrôlé[131]. Dans le cas du serpent, Voldemort pense cependant que le risque potentiel est minime. Les serpents n'ont pas de volonté, car leurs pensées sont rudimentaires. En outre, Voldemort parle leur langue et a du pouvoir sur eux. Il se sert de son affinité avec les serpents. Ainsi, Nagini peut surveiller son environnement pour lui et signaler des intrus, comme c'est le cas du jardinier moldu dans le premier chapitre du volume quatre. Pendant une courte durée il peut aussi complètement prendre possession du cerveau de Nagini, comme il le fait quand il cherche un accès au département des mystères. Mais à cette occasion il devient évident que le contrôle ne peut pas être absolu. L'attaque de monsieur Weasley prouve que les instincts animaux reprennent le dessus en cas de danger, car le serpent mord[132].

La situation la plus dangereuse et la plus étrange se produit parce que des horcruxes sont cachés dans des êtres vivants. Dans la maison de Bathilda Tourdesac quatre éclats de l'âme de Voldemort se trouvent ensemble pendant une fraction de seconde. Voldemort, Nagini, Harry et le Médaillon. Le horcruxe qui est dans ce dernier perçoit le danger. Harry sent le petit cœur battre[133].

En principe, le serpent doit seulement retenir Harry, mais tout comme au moment de l'attaque de monsieur Weasley, en cas de danger l'instinct animal prend le dessus et Nagini tente d'étrangler Harry. A cause de cela le médaillon est appuyé si fortement contre Harry, qu'il fusionne avec lui. Si Hermione n'avait pas été présente, la mission de Harry aurait échoué dans cette nuit de Noël. Bien que Harry échappe à Voldemort, pendant les minutes, peut-être les heures qui suivent, il ne vit plus que par les yeux de Voldemort. Habituellement, l'esprit de Harry reprenait rapidement le dessus s'il entrait en contact avec l'esprit de Voldemort. Mais cette fois-ci il y a deux horcruxes dans Harry et son propre esprit est tellement affaibli après les horreurs de la maison de Bathilda Bagshot - de son combat contre le serpent et de sa fuite de justesse devant Voldemort - que les émotions de Voldemort prennent le dessus sur lui. Ce n'est qu'au moment où Hermione réussit enfin à séparer le médaillon de la poitrine de Harry que celui-ci reprend le pouvoir sur lui-même. La connexion aux pensées de Voldemort est interrompue.

Curieusement, Voldemort ne sent rien de tout cela. Visiblement, il n'a jamais réfléchi à la question du devenir des parties coupées de son âme. Elles doivent garantir sa survie physique pour l'éternité. Il semble avoir pensé que d'une manière ou d'une autre il remarquerait si l'une d'elles était détruite[134]. Mais la séparation est complète. A chaque création d'un horcruxe il a laissé un peu plus de ses sentiments humains derrière lui : toutes les émotions qu'il méprisait et craignait, comme l'amour, la pitié, la tristesse. Il est content d'être débarrassé d'elles, c'est pourquoi il ne remarque pas leur absence. Il est donc conséquent qu'il ne remarque pas non plus leur mort définitive.

Tout comme le horcruxe dans le journal intime, celui du médaillon mène sa propre vie rudimentaire, qui est exclusivement orientée sur l'empêchement de sa destruction. D'abord, il suffit d'amplifier les pensées négatives du porteur. Si l'on est convaincu qu'une action est vaine, la probabilité de réussir malgré tout diminue. Mais lorsque Harry veut récupérer l'épée pour détruire le horcruxe, le médaillon pendu à une chaîne autour de son cou essaie de l'étrangler, tout comme le serpent deux nuits plus tôt.

On pourrait objecter que le horcruxe dans le médaillon a dû remarquer que Harry en porte également un et ne devrait pas tenter de tuer cette partie. Toutefois, il s'agit là d'un sentiment humain qui n'a jamais fait partie du caractère de Voldemort. Déjà l'enfant Tom Riddle/Jedusor était égoïste et cruel. Son horcruxe est comme lui : intéressé seulement par sa propre existence, si fragmentaire qu'elle soit.

Ceci ne s'applique pas au horcruxe qui est dans Harry. Harry possède son propre esprit indépendant, et à l'opposé de Voldemort il croit à l'amour et à l'amitié. C'est uniquement dans le cas où Voldemort ressent de fortes émotions, en particulier si celles-ci concernent Harry, qu'elles atteignent l'esprit de Harry.

Que Voldemort ne soit pas définitivement débarrassé de la souffrance de l'âme, malgré toutes ses tentatives de l'exclure, se voit après la fuite de Harry et de Hermione de la maison de Bathilda Bagshot. A cet instant deux horcruxes sont momentanément fortement liés l'un à l'autre, ce qui leur permet d'accéder à l'esprit de Voldemort. Ainsi il revécut encore une fois ses sentiments de cette nuit d'halloween seize ans plus tôt. « *Il pointa soigneusement la baguette magique sur la tête de l'enfant : il attendit ce moment, la destruction de ce danger unique, inexplicable. Le petit garçon se mit à pleurer : il venait de se rendre compte que ce n'était pas James. Il n'aimait pas l'entendre pleurer, il n'avait jamais supporté les cris et les gémissements des tout-petits, à l'orphelinat...*[135] » Pendant ce laps de temps périlleux, avant que Hermione puisse détacher le médaillon de la poitrine de Harry, il n'y a plus de place pour Harry dans sa tête, il n'est plus qu'un souvenir de Voldemort. Cette rétrospective montre la raison pour laquelle Harry devient un horcruxe. Voldemort voulait construire le dernier horcruxe avec le triomphe cruel sur son adversaire le plus important. Au lieu de cela, il le génère involontairement avec sa plus grande souffrance d'enfant, le chagrin incommensurable à l'orphelinat. Sa souffrance étant enfant, son impuissance face aux pleurs des orphelins encore plus jeunes pour lesquels il n'existait pas de consolation. Ceci est le seul instant où l'on rencontre un Voldemort-Jedusor qui montre de la pitié. Ce sentiment a définitivement disparu après l'attaque du petit Harry, uniquement remémoré, parce qu'il existe brièvement une fusion de plusieurs éclats de son âme, entre autres celui qui est dans Harry. Voldemort, qui ne supporte pas la pitié, a déposé cette émotion dans Harry sans s'en apercevoir. Ainsi celui-ci est porteur de sa propre empathie et simultanément il devient le dépositaire de celle de Voldemort. Quand Voldemort veut prendre possession de Harry dans le ministère de la magie, il est obligé de le fuir, parce qu'il est incapable de supporter les sentiments de Harry et ses propres émotions enfouies. Lorsque la connexion se fait involontairement dans la maison de Bathilda, il doit la subir, impuissant, jusqu'à ce que Harry rompe la liaison à l'aide de Hermione.

Eu égard à ces événements on comprend pourquoi, même des mages qui écrivent des livres remplis de magie noire, ne s'étendent pas sur les horcruxes comme Hermione le lit avec consternation[136]. Les dangers des horcruxes ne se limitent justement pas au fait qu'il faut commettre un meurtre. Cela seul n'est pas un argument qui rebute tous les hommes. Sinon, comment aurait-on pu développer ce sortilège ? Le danger provient de l'instabilité de l'âme ainsi créée. L'âme atrophiée n'est même plus capable de reconnaître une partie sectionnée pour ce qu'elle est. Ainsi, Voldemort découvre que Harry peut s'introduire dans son esprit, mais il ne cherche pas d'explication à ce phénomène. Les parties entre elles sont sans liens et uniquement fixées sur leur propre survie. Aucun horcruxe ne reconnaît un autre comme étant un morceau de la même personne. Il est impossible pour Voldemort de réaliser que Harry Potter porte en lui une part de lui-même. Finalement, un horcruxe ne garantit précisément pas une vie éternelle, mais seulement une survie prolongée mais mutilée.

7.4 - Les défauts dans les plans de Voldemort

Voldemort veut devenir semblable à Dieu, immortel, invincible, maître de vie et de mort. Il est convaincu que ses horcruxes lui garantissent cette immortalité. La preuve en est pour lui, son état de non-mort après l'attaque manquée du petit Harry. Bien que très proche de la mort, il lui a échappé, et a finalement recouvré son corps. Son allocution aux mangemorts a définitivement des résonances au langage de la Bible. Ainsi parle un dieu aux hommes inférieurs. Toutefois, dès les minutes qui suivent, les faits démentent sa revendication. En effet, pour prouver son pouvoir divin, il ne veut pas simplement assassiner Harry, qui est attaché à la pierre tombale de Riddle/Jedusor senior. Il veut le vaincre au combat. En principe, il ne peut y avoir aucun doute quant à sa victoire, vu que ses compétences magiques dépassent de loin celles d'un élève de la sorcellerie de quinze ans. Mais tout comme quatorze ans plus tôt, son projet échoue. Il ne cherche pas l'erreur chez lui. Comme la majorité des gens il attribue les succès à son savoir-faire, les échecs aux circonstances ou au matériel. La protection magique de la mère est responsable de l'échec face au petit enfant. Cette protection était aussi en cause lorsque Quirrel ne pouvait pas toucher le garçon sans souffrir de douleurs atroces. Dans le but de rompre ce sortilège, Voldemort utilise le sang de Harry pour recréer son corps. Dans le cimetière, Harry lui échappe à nouveau, cette fois, parce que leurs deux baguettes ont le même noyau, ce que Voldemort ne sait pas encore à ce moment. C'est la raison pour laquelle il utilise une autre baguette lors de sa troisième attaque. Quand celle-ci est brisée par la baguette de Harry, il arrive à la conclusion que, contre une baguette aussi puissante, seule la baguette connue la plus puissante l'aidera : la baguette de sureau.

Ce qu'il n'a pas réalisé, c'est que les attaques répétées du garçon ont renforcé de plus en plus le lien entre eux. Depuis l'attaque au cimetière il n'y a pas seulement une part de Voldemort dans Harry. Dans Voldemort se trouve également une part de Harry et la connexion des deux baguettes a eu pour résultat qu'un peu de la baguette de Voldemort a été transféré dans celle de Harry. Tous ces morceaux de Voldemort ne peuvent permettre qu'il tue un autre fragment de lui-même. Ils empêchent le meurtre non intentionnel d'une partie de lui. On peut se demander pourquoi Voldemort ne s'en doute pas, pourquoi il ne se demande jamais comment Harry a pu s'introduire dans son esprit. Une réponse en est, que Voldemort a mutilé son âme à un point qu'il n'a jamais réalisé qu'il manque un morceau de plus que prévu, que Harry est involontairement devenu un horcruxe. Il a bien pris conscience, à la suite de l'attaque de monsieur Weasley par Nagini, que Harry peut s'introduire dans son esprit, bien qu'accidentellement. Il tente aussi la manipulation des visions de Harry[137]. Mais la tentative de s'emparer de l'esprit de Harry échoue, parce qu'il ne peut pas supporter les fortes émotions de celui-ci.

Plus tard, lorsque Voldemort apprend la destruction du journal intime, et constate qu'il n'a pas remarqué la perte du horcruxe, il aurait dû réfléchir à ces deux phénomènes. Il n'en fait rien. En effet, la réflexion sur ces points risquerait de remettre en question toute sa conception de la vie. Il s'est toujours concentré sur les avantages des horcruxes, il n'a jamais accordé la moindre pensée à d'éventuels inconvénients. Bien qu'un désavantage est visible pour tous : la perte des traits humains. Il ne se demande jamais s'il existe d'autres effets secondaires, et si oui, quelles répercussions ils pourraient avoir sur sa vie. Car le détachement des fragments de l'âme est manifestement complet. Les horcruxes empêchent la mort de Voldemort, rien de plus. Leur réintégration dans Voldemort est inimaginable, bien qu'en principe possible, à condition de se repentir. Mais le remords peut déclencher de si fortes émotions, que la mort peut s'ensuivre. Non seulement le remords n'est pas envisageable, mais la reprise de contact avec les horcruxes par des moyens magiques est également impossible, car ils enferment des fragments de l'âme qui contiennent des sentiments forts. Tous les sentiments que Voldemort craint, et dont il nie l'utilité. Comment pourrait-il remarquer la destruction définitive d'une part de son âme qui est de toute manière indésirable ? Il n'y a aucune possibilité de retour en arrière, et l'invitation de Harry à Riddle/Jedusor de se repentir n'est que pure rhétorique. Comment Voldemort pourrait-il regretter ses actes? Son objectif était le règne absolu, ce qui justifiait tous les actes à ses yeux. Des meurtres sont un mal nécessaire, pour lequel on n'a pas à prendre de responsabilité, parce que la fin justifie tous les moyens.

Voldemort se conçoit comme un être qui est devenu quelqu'un par sa propre volonté, sans aucune aide des parents ou des professeurs. Il ne se voit pas, ainsi que le fait Harry Potter, comme le dernier chaînon d'une longue lignée d'ancêtres. Il ne ressent que de la haine et du mépris pour les familles de ses parents. Peut-être, étant enfant, avait-il espéré découvrir un jour une famille aimante, mais les deux familles existantes sont une grande déception. Elles ne veulent rien avoir à faire avec l'enfant d'un moldu respectivement d'un sorcier. Sa vie ou sa mort leur sont indifférentes. Rien n'existait avant sa naissance, car ni les Riddles/Jedusors, ni les Gaunts ne sont dignes de lui. D'un autre côté l'être humain a besoin d'une attache aux autres humains, pour s'ancrer dans le monde. Ce point fixe est le lointain ancêtre Salazar Serpentard.

Voldemort a peur de la mort, tellement peur, qu'il fait tout pour ne jamais mourir. La représentation qu'a Dumbledore de la mort comme début d'une nouvelle aventure[138] lui est complètement étrangère. De ce fait la description de sa mort ne peut pas surprendre :

« *Voldemort basculait en arrière, les bras en croix, les pupilles fendues de ses yeux écarlates se révulsant. Tom Jedusor s'abattit sur le sol dans une fin triviale[139].* »

Au moment de mourir Voldemort redevient Tom Riddle/Jedusor faible et mortel. Il meurt comme tous les hommes, n'a plus rien d'exceptionnel. Tout ce qui reste est une enveloppe affaissée, vide. Qu'il commence une nouvelle aventure après sa mort est inconcevable, même pour celui qui n'a pas vu la chose difforme de Kings Cross. Schopenhauer l'a formulé de façon claire :

« *Car un homme raisonnable ne peut se penser immortel, que s'il se pense comme étant sans commencement, éternel et de fait intemporel. Par contre celui qui pense d'être venu du néant, doit aussi penser qu'il retournera au néant. [...] Celui qui croit que la naissance de l'homme est son commencement absolu, pour lui la mort doit être la fin absolue[140].* »

Comme c'est souvent le cas chez Rowling, le titre du dernier chapitre, « *le défaut du plan* », induit en erreur. Le plan de Voldemort comporte de nombreux défauts.

◊ Le défaut le moins important est sa méconnaissance du fonctionnement de la baguette de sureau. Cette baguette doit se gagner au combat, il ne suffit pas de la voler dans un tombeau. Les autres erreurs sont plus graves.

◊ Il y a son refus d'accepter sa mortalité. Etant donné qu'il a découvert un moyen de devenir immortel sans l'aide des autres hommes, il croit qu'il est superflu de réfléchir à la mort.

◊ Il sous-estime la valeur de l'amitié. A ses yeux un savoir partagé ne constitue qu'un danger. Le confident pourra transmettre l'information aux ennemis. Il ne s'aperçoit pas qu'un savoir partagé peut également avoir des avantages. Comme il ne montre que du mépris pour les hommes qui veulent être ses amis et ne partage jamais de petits secrets avec eux, il ne reçoit pas d'informations en échange. Tout le monde prend garde de ne pas ennuyer Lord Voldemort avec des futilités. Personne ne lui dit que Dumbledore n'a plus de baguette magique quand les mangemorts le trouvent avec Drago Malefoy. La seule qui lui reste toujours fidèle est Bellatrix Lestrange. Aussi souvent qu'il la repousse ou l'humilie, elle lui consacre un amour aveugle. Elle est la seule qui combatte à ses côtés jusqu'à la mort. Mais son dévouement ne lui est rien. C'est pourquoi elle préfère ne rien lui dire de la demande de Narcissa à Rogue[141]. En effet, Voldemort qui se moque des liens familiaux, s'en sert pour humilier Bellatrix et d'autres partisans.

◊ La méconnaissance du rôle que joue l'amour sous toutes ses formes dans la vie des humains, mène finalement à sa chute. Voldemort est incapable de reconnaître quel puissant levier d'action il constitue. C'est la raison pour laquelle il n'a jamais remarqué que Rogue n'était plus son serviteur loyal, dès qu'il a tué Lily malgré sa promesse inverse. Rogue devient l'espion de Dumbledore par deuil de son amour perdu. Harry a été protégé par sa mère. Voldemort croit avoir rompu cette protection en utilisant le sang de Harry. Pour lui le sujet est clos. A ses yeux, il n'existe aucune ressemblance entre Harry et sa mère ni Drago et sa mère. C'est pourquoi il ne lui vient pas à l'esprit que Narcissa Malefoy n'est peut-être plus sa servante dévouée, dès que son fils unique est en danger. Pour pouvoir chercher Drago dans le château assiégé, elle ment de sang froid à son maître, disant que Harry est mort. Un mensonge tellement inconcevable que Voldemort est incapable de le déceler. Voldemort et ses mangemorts se servent souvent des membres de la famille de leurs adversaires pour les punir. Le mensonge de Narcissa est la preuve qu'il y a un point où toute allégeance prend fin et seul le sauvetage de l'être aimé compte, même au risque de mourir soi-même.

L'aveuglement de Voldemort face à l'amour, son incapacité à aimer est finalement sa perte.

8 - Harry Potter

Harry Potter est le personnage principal des sept volumes. Les événements sont presque toujours racontés à partir de son point de vue. Le premier chapitre y fait en général exception. Les commentaires qui suivent se concentrent uniquement sur quelques aspects du protagoniste sur lequel on pourrait évidemment dire beaucoup plus.

8.1 - Le mythe de l'enfant héros

On peut lire les aventures de Harry Potter comme un conte moderne qui est basé sur le mythe de l'enfant héros. Comme c'est le cas dans beaucoup d'autres livres pour enfants, c'est l'histoire d'un pauvre enfant orphelin et de sa recherche de la bonne fortune qui est racontée. Toutefois, il ne s'agit pas d'un orphelin ordinaire. Effectivement, les parents de Harry ont été assassinés, parce qu'ils tentaient de protéger leur fils d'un an d'un mage noir. A la surprise générale le petit enfant survit au sortilège mortel. Il n'a qu'une blessure en forme d'éclair sur le front et Voldemort disparaît sans laisser la moindre trace. Nombreux sont ceux qui espèrent qu'il soit mort. Ainsi Harry devient sans le savoir et sans l'avoir voulu une légende vivante dans la communauté des sorciers.

C.G. Jung définit les archétypes comme des « contenus de l'inconscient collectif[142] ». Entre autres font partie des archétypes, le héros - avec la sous-catégorie de l'enfant héros - la grande mère, le vieux sage. Ils apparaissent tous dans les mythes et contes des peuples, c'est à dire ils ont un caractère universel. D'après Jung on ne peut pas entièrement expliquer un archétype.

« Il ne faut pas s'abandonner, ne serait ce qu'un moment, à l'illusion qu'un archétype pourra finalement être expliqué et ainsi évacué. Même la meilleure tentative d'explication n'est rien d'autre qu'une traduction dans un autre langage imagé plus ou moins heureux. (La langue n'est bien entendu rien d'autre qu'image !)[143] »

De fait, l'archétype désigne une idée générale que chaque histoire remplit de vie à sa façon en mettant l'accent ailleurs et, dans chaque culture et chaque génération on met en scène pour les auditeurs et les lecteurs des questions universelles sous leur aspect actuel.

Héros de la mythologie	Harry Potter
Naissance merveilleuse	Survie miraculeuse
Un être dont les forces sont surhumaines	Un être très humain. Ses exploits peuvent être expliqués par la pure chance.
Solitude, agit seul	Solitude absolue avant son arrivée à Poudlard, après, il a toujours quelques amis à ses côtés
Mise en danger par des poursuivants	Mise en danger par des poursuivants
Combat contre des dragons, des serpents.	Combat contre des dragons, des serpents, des hommes …

Jung établit une liste des signes typiques de l'enfant héros que je présente ici, comparée au héros de roman Harry Potter.

Comme le montre le tableau, il y a des similitudes mais aussi des différences importantes entre l'enfant héros Harry Potter et des héros mythologiques tel que Siegfried ou Héraklès. Une différence essentielle par rapport aux héros mytho-logiques est que ceux-ci agissent la plupart du temps seuls. Ils trouvent toutes les forces nécessaires en eux mêmes et semblent ne jamais avoir besoin de l'aide d'autres hommes.

D'une certaine manière ils restent prisonniers de leur solitude initiale. Harry Potter par contre est humain, un être social qui a besoin d'aide et est prêt à l'accepter. Dès sa première aventure il n'aurait pas pu mener à bien son action sans l'aide de ses amis Ron et Hermione.

Jung interprète les dragons et les serpents comme des symboles qui menacent l'identité consciente et tentent de rejeter le héros dans l'inconscient collectif. C'est la tâche du héros de combattre l'obscurité, aussi bien celle, symbolique, dans son être intérieur que celle de la communauté. Ainsi Harry doit continuellement se battre pour ses convictions, par exemple contre l'opinion publique qui veut le faire taire. Il doit aussi régulièrement se répéter « je suis Harry, pas Voldemort », lorsque les pensées de ce dernier prennent parfois possession de sa conscience. Bien que les héros mythologiques vainquent tous les dangers, ils périssent finalement à cause de détails: Siegfried à cause d'une tache vulnérable, Héraklès à cause du cadeau d'une femme, d'autres par traîtrise[144].

Après avoir lu ce texte de C.G. Jung, avant la parution du septième volume de Harry-Potter et après la lecture d'une interview de J.K. Rowling où elle disait en substance « qui vous dit que Harry survivra ? » j'étais dans l'incertitude quant à sa survie. D'autres lecteurs se posaient la même question. Ainsi, les participants d'un site internet, spéculaient avant la parution des volumes cinq et six sur la victoire de Harry contre Voldemort et sur sa perte des pouvoirs magiques ce qui est très proche d'une mort, étant donné qu'il ne vit que depuis qu'il appartient à la communauté magique. De mon point de vue une mention dans le premier volume, contredisait cette théorie. Il y est dit qu'il était inscrit à Poudlard dès sa naissance[145], soit longtemps avant l'attaque de Voldemort. Il faut ajouter qu'il s'agit d'un livre pour enfants et dans la littérature moderne pour enfants il n'est pas d'usage de faire mourir les héros. Cela paraît inacceptable pour notre culture actuelle. Il semble que cela nuirait à l'équilibre psychique des enfants. Il y a des gens qui pensent que les contes de Grimm ne sont pas appropriés aux enfants dans leurs versions originales à cause de leur cruauté. Simultanément ces enfants voient les pires horreurs dans les actualités et les films. Il est impossible de les préserver de la réalité de la mort. Et la mort est toujours présente dans les aventures de Harry Potter. La mort des parents de Harry est encore une nécessité narrative. Les élèves attaqués au cours de la deuxième année par le monstre de Voldemort, un basilic, peuvent encore être sauvés. Cédric - deux ans plus tard - meurt. Harry grandit, ses tâches deviennent de plus en plus dangereuses. Elles mènent même à la mort de son parrain. Finalement, son professeur Dumbledore meurt aussi. Il meurt vraiment, définitivement. Il ne disparaît pas lors d'un combat, pour reprendre vie au moment décisif, tel Gandalf dans *le seigneur des anneaux*. Les conditions de survie du héros deviennent de plus en plus difficiles, sa mort devient imaginable, pourrait peut-être même devenir une nécessité narrative.

Après la parution complète de la série, le lecteur sait que le héros survit. A la différence de beaucoup de héros mythologiques il ne devient pas arrogant et ne méprise pas les autres. Le plus important défaut de Harry Potter - du moins aux yeux de son ennemi - c'est sa faculté d'aimer, son empathie. Toutefois, ce sont justement ces traits qui lui permettent finalement de gagner. Il n'est pas un sur-homme et ne veut pas en être un. Il a des traits particuliers, tout comme les autres personnages des livres. Cela est certainement l'un des aspects qui font le succès de la série. Sur la base d'images universellement connues, l'auteur construit une histoire nouvelle, en mélangeant des motifs classiques et des idées absolument originales.

8.2 - L'enfance chez les Dursley

Harry Potter survit à l'âge d'un an à l'attaque de Voldemort. Il n'en garde qu'une cicatrice sur le front. Mais, ses parents sont assassinés, c'est pourquoi Dumbledore remet le petit à la garde de sa seule parente, tante Pétunia, la sœur de sa mère et à son mari Vernon Dursley. A partir de ce jour il est élevé avec son cousin Dudley. Tandis que les Dursley gâtent leur fils et exaucent tous ses souhaits, Harry est obligé de dormir dans le placard sous l'escalier et doit se contenter des restes. Le cousin prend soin que Harry ne puisse manger que ce que lui n'aime pas. De plus il doit porter les vêtements de Dudley mis au rebut. Etant donné qu'à l'école Dudley fait tout ce qu'il peut pour que Harry reste isolé, en tabassant ceux qui sont gentils avec son cousin détesté[146], Harry mène la vie typique de Cendrillon, l'orpheline du conte. Et, comme il se doit dans un conte, il y a un événement qui change complètement la situation. Tout à coup Harry est autorisé à quitter son armoire et doit emménager la seconde chambre de Dudley, qui est sous le choc. Il existe une force qui terrifie ses parents plus que ses accès de colère.

Le comportement de la famille Dursley quand elle apprend que Harry est admis à l'école des sorciers est paradoxale. D'un côté elle n'accepte qu'à contre cœur le fait que Harry vive chez elle, de l'autre elle veut empêcher qu'il aille à l'internat. Pourtant cela aurait comme conséquence qu'elle serait débarrassée de sa présence presque toute l'année. La cause de cette réaction curieuse se trouve dans l'enfance de Pétunia. Elle enviait sa sœur Lily pour ses facultés magiques. Elle aurait aimé elle aussi en avoir. C'est pourquoi elle écrit directement à Dumbledore pour demander d'être admise à Poudlard, tout comme Lily. Comme son souhait ne peut être accordé et pour surmonter sa déception, elle décide que des gens comme Lily sont à considérer comme des malades mentaux[147]. Du coup, Poudlard n'est plus une école dont la fréquentation est désirable, mais une institution où l'on interne des personnes dérangées pour protéger les gens normaux d'eux. Elle ne veut plus rien avoir à faire avec sa sœur. Elle est bien au courant du mariage de Lily et de la naissance de Harry, mais elle l'ignore. De fait elle n'accueille Harry que par peur de Dumbledore et, elle se donne comme objectif de faire passer la magie à Harry qui ne sait pas qu'il en possède. Plus tard, après l'incident dans le zoo, elle a la preuve que cette stratégie est vouée à l'échec.

La méfiance des Dursley et leur rejet de tout ce qui est magique ne disparaît pas au fil des ans. Il faut dire que leurs expériences de la magie sont plutôt négatives. Hagrid a fait pousser une queue de cochon à Dudley, l'elfe de maison Dobby qui, en fait, ne veut que sauver Harry, se charge de faire perdre un contrat important à l'entreprise de Vernon. Puis Harry gonfle sa tante Marge comme un ballon et finalement Arthur Weasley dévaste le salon de la famille. Le point culminant est finalement l'attaque de Dudley par des détraqueurs ce qui a pour résultat que Dumbledore doit intervenir pour empêcher l'expulsion de Harry de la maison. En conséquence, les Dursley sont très tendus quand un jour, Dumbledore en personne est devant la porte, bien que cette fois il n'y ait pas d'incidents. Quand Harry a dix-sept ans, les

Dursley doivent même accepter de se faire cacher par des sorciers, pour être protégés de Voldemort. Comme l'attitude de Dudley face à Harry semble avoir changé après l'attaque des détraqueurs, son acceptation de la situation est décisive pour que les parents permettent l'aide. Il fait confiance à l'analyse de la situation par Harry. Le lecteur n'apprend pas ce qu'il advient des Dursley. Probablement, continuent-ils de vivre comme avant, une fois Voldemort mort. Le nom de Harry sera passé sous silence comme celui de sa mère auparavant.

Malgré son enfance difficile, Harry garde toujours son sens de l'humour. Il ne s'apitoie jamais longtemps sur son sort, il reconnaît toujours d'un coup d'œil les côtés ridicules et les faiblesses des Dursley, par exemple s'il comprend délibérément de travers une menace de Dudley qu'il change en insulte. « *Ces pauvres toilettes n'ont jamais vu quelque chose d'aussi atroce que ta tête, ça les rendrait malades.* » Ou encore lorsqu'il doit cacher son rire, parce que l'exaltation de sa tante pour une flatterie grossière de son fils est trop grotesque[148]. Naturellement, il souffre de ses conditions de vie chez ses parents, seulement il ne passe pas sa vie exclusivement en lamentations sur les injustices de la vie et de sa situation. Sa dévalorisation par sa famille de substitution ne mène pas à l'auto-dévaluation. Il préserve son estime de soi, apprend à profiter de chaque absence de la famille pour faire les choses qu'on lui interdit habituellement, comme regarder la télévision ou jouer sur l'ordinateur de Dudley. A d'autres humiliations il échappe grâce à ses pouvoirs magiques, à l'aide desquels il peut annuler une coupe de cheveux horrible, par exemple[149].

Après avoir appris la vérité sur la mort de ses parents, il les défend face à l'oncle Vernon et sa sœur. Bien que cela le mette encore une fois en difficulté, il est incapable d'accepter des mensonges sans rien dire. Toutes les humiliations n'ont pas disparu sans laisser de trace en lui. Elles sont gravées au fond de ses souvenirs, comme on le voit lors des cours d'occlumancie chez Rogue. Toutefois, les humiliations subies lui permettent de comprendre d'autres personnes et d'être compatissant.

8.3 - Admission à Poudlard

Dès que Harry entre dans le monde des sorciers, il est confronté à sa survie miraculeuse. Comme la cicatrice sur son front ne peut que difficilement être cachée, il ne peut jamais se fondre dans la foule anonyme. Sans qu'il le veuille il est sous les feux de la rampe. Il n'est plus pauvre non plus, car il a hérité de ses parents de l'argent de sorciers. Cet argent est déposé dans un cachot de la banque des sorciers, Gringotts. Et tout comme Dudley qui reçoit, pour sa nouvelle école Smelting, un bel uniforme d'école, un chapeau et une canne, il reçoit un uniforme avec un chapeau pointu de sorcier et un bâton, mais pas un genre de canne, une baguette magique qui est bien plus puissante. Cette baguette magique, qui va si bien à Harry, le lie également à Voldemort. Car celui-là a acheté, des années plus tôt, à sa propre admission à Poudlard, la seule autre baguette contenant une plume du phénix de Dumbledore[150], cette baguette jumelle qui est responsable de la cicatrice sur le front de Harry.

Lors de l'admission de Harry à Poudlard, on voit que cela avait aussi eu du bon qu'il grandisse chez les moldus. Chez eux il n'était qu'un garçon comme les autres. Dans sa famille qui lui interdisait tout plaisir, il était bien moins que les autres. S'il avait grandi dans une famille de sorciers il y aurait eu un risque qu'il se croie quelqu'un d'exceptionnel, simplement parce qu'il avait survécu et qu'il soit devenu vaniteux et présomptueux comme Drago Malefoy, le premier garçon rencontré dans le Chemin de Traverse. Mais en fait Drago lui rappelle seulement Dudley et lui est antipathique.

La rencontre de Harry avec la famille Weasley à la gare Kings Cross est d'un tout autre genre. Comme les Malefoy elle est de sang-pur, mais sans aucune arrogance. Au contraire le père, Arthur, est très intéressé par le monde curieux des moldus, tandis que sa femme Molly exhorte tout de suite ses fils à ne pas fixer du regard Harry comme s'il était un animal du zoo. Celui-ci préférerait sûrement avoir la paix et être traité comme les autres enfants[151]. Son fils Ron est autant intéressé par Harry que ce dernier par lui, qu'il envie d'avoir une famille si nombreuse. Cela est particulièrement saisissant devant le miroir Riséd. Dans ce miroir magique Harry qui est si souvent, sans le vouloir, seul au centre de l'attention, se voit entouré de ses parents, grand-parents et autres ancêtres inconnus. Tandis que Ron, qui ne reçoit jamais rien de neuf et est constamment comparé à ses frères aînés s'y voit seul, élevé au-dessus des autres, préfet en chef de Poudlard, capitaine de l'équipe de quidditch. En Ron, Harry trouve pour la première fois de sa vie un ami.

D'être élevé dans un pensionnat signifie de passer ses journées dans un groupe et de ne pas avoir de chambre à soi où l'on pourrait se retirer et où l'on n'est dérangé par personne. A Poudlard, le seul endroit qui permet un peu d'intimité est le lit à baldaquin dans le dortoir. Tirer ses rideaux signale aux autres qu'on veut dormir. Avant tout entretien intime il est utile de vérifier que personne n'écoute.

En plus il est conseillé de jeter aussi un coup d'œil au plafond, car l'esprit frappeur Peeves fait de préférence le contraire de ce qu'on désire. Par exemple, grâce à Peeves, toute l'école est immédiatement au courant quand Harry invite Luna à la fête de Noël chez Slughorn[152].

Pour que la cohabitation de si nombreux adolescents soit possible, il faut des règles strictes, dont le respect est encouragé par le fait que c'est la maison et non un élève individuel qui obtient des bons points pour une bonne participation, tandis qu'un mauvais comportement mène à une perte de points pour toute la maison. Comme le nombre de points de chacune des quatre maisons est affiché quotidiennement dans le grand hall, une faute peut avoir des conséquences fâcheuses, comme Harry l'apprend dès sa première année. Quand McGonagall attrape, dans une seule nuit, quatre élèves de première année qui se promènent dans le château, dont trois de Gryffondor, la maison perd tellement de points que plus personne n'adresse la parole à Harry, Hermione et Neville[153].

8.4 - Amitiés

J.K. Rowling ne décrit jamais les relations entre amis comme une idylle. Elle représente plutôt de façon sensible les interactions complexes, les conflits et points de frictions qui apparaissent au fil du temps. Tant que Ron et Hermione le soutiennent, Harry traverse assez bien les périodes où plus personne ne lui parle. En effet oncle Vernon l'a très souvent ignoré. Cependant, lorsque, au début de la quatrième année, la coupe de feu crache le nom de Harry, Ron pense que Harry a trouvé un moyen de contourner la ligne d'âge. Il est vexé et refuse de parler à son ami. Durant cette période Harry se sent très seul. En effet, avoir la studieuse Hermione comme unique amie, signifie passer presque tout son temps libre dans la bibliothèque. Il apprécie Hermione, mais elle est presque exclusivement intéressée par son succès scolaire. Le travail est toujours sa priorité. Elle n'a pas d'indulgences pour les niaiseries, tandis que celles-ci sont un moyen important de réduction des pressions pour Ron et Harry.

8.4.1 - Hermione

Hermione Granger est une enfant unique, dont les parents sont des dentistes moldus. Elle est zélée et déteste de ne pas savoir. Avant même le début des cours elle étudie les nouveaux manuels scolaires, s'évertuant à apprendre des passages entiers par cœur. En plus, elle lit d'autres livres qui ne sont pas sur les listes scolaires, entre autres, l'histoire de Poudlard. Avec ce comportement elle ne fait pas partie du groupe de zélés typiques qui ont de bonnes notes parce qu'ils peuvent bien réciter les leçons apprises, mais se limitent au savoir attendu d'eux. Sa soif de connaissances dépasse de loin le simple apprentissage scolaire. Elle semble avoir pour objectif l'idéal du savant universel. Savoir pour le plaisir de savoir, associé à une bonne dose de pragmatisme et de qualités analytiques.

A sa première apparition dans *L'Ecole des sorciers* elle est présentée comme pincée, donneuse de leçons et un peu arrogante. Elle est aussi très soucieuse d'appliquer correctement toutes les règles. Toujours, elle donne l'impression qu'il n'y a rien de plus important au monde que le respect des prescriptions, à commencer par celles des professeurs jusqu'aux lois de la communauté des sorciers. Elle est fière de gagner des points pour sa maison et se fâche quand Ron et Harry parcourent le château de nuit sans autorisation, parce qu'ils risquent de perdre, par leur insouciance, les points qu'elle a gagnés pour Griffondor[154].

Le soir de Halloween de la première année, quand elle, Ron et Harry se trouvent face à un troll, on voit pour la première fois une autre Hermione. En se servant de sa réputation d'élève zélée, qui veut tout savoir mieux que les autres étudiants, elle ment effrontément aux professeurs, ce qui évite d'autres ennuis aux garçons et une importante perte de points à sa maison. Pour comprendre ce comportement il est utile de regarder la scène de plus près. En effet, l'aventure avec le troll est typique de l'image qu'ont d'elle les professeurs, mais aussi les garçons[155].

Le matin, pendant le cours de sortilèges, elle a corrigé une erreur de Ron dans l'exécution du sortilège *wingardium leviosa*, ce qui a vexé celui-ci. Par hasard elle entend peu après une remarque de Ron, qui critique cette donneuse de leçons et souligne qu'elle n'a pas d'amis à Poudlard. En pleurant, elle se réfugie dans l'une des toilettes pour filles. A ce moment elle est une élève solitaire qui irrite toute la classe avec son savoir. Cela n'intéresse pas ses camarades qu'elle dédie tout son travail à Gryffondor. A la différence de Hermione, ils vivent au jour le jour, sans accorder ne serait ce qu'une seule pensée, aux conséquences de leurs actes. L'action de sauvetage de Ron et Harry en est un exemple typique.

Les garçons sont honteux, parce que la remarque virulente de Ron a blessé la fille. Pour calmer leur mauvaise conscience, ils veulent chercher Hermione, et la mettre en garde contre le troll dans les souterrains. C'est un acte inutile, puisque le troll n'étant pas au premier étage, Hermione est donc en sécurité, tant qu'elle ne quitte pas les toilettes. De plus, tous les élèves doivent se rendre directement dans leurs salles communes, pour éviter tout risque de rencontre avec le monstre. Il aurait été raisonnable d'informer un professeur du lieu où se trouvait Hermione. Toutefois, dans ce cas, ils risquaient devoir avouer leur rôle et, en général, les adolescents évitent d'informer des adultes de leurs conflits avec des pairs. Au moment où les garçons aperçoivent le troll ils oublient tout le reste, ne voient plus qu'une occasion de jouer les héros. Qui a déjà capturé un troll à l'âge de onze ans? Encore une fois ils agissent d'abord et réfléchissent après. Au lieu de mettre Hermione en garde contre le troll, ils viennent de l'enfermer avec lui. Si Hermione avait expliqué tout cela aux professeurs qui accourent, Ron et Harry auraient été punis non seulement pour avoir enfreint les règles et pour comportement grossier mais encore parce qu'ils ont exposé Hermione à un grand danger. Leur position dans la communauté n'aurait pas été améliorée, se serait peut-être même détériorée, malgré les intentions altruistes des garçons. En plus, la maison aurait perdu beaucoup de points. Hermione limite les dégâts pour tout le monde en mettant en avant ses bons résultats scolaires et en prétendant qu'elle croyait pouvoir combattre un troll des montagnes grâce à cela. Une élève studieuse n'est jamais punie aussi durement qu'un garçon qui s'est déjà fait remarquer à plusieurs reprises. La situation est sauvée par la présence d'esprit de Harry, la bonne exécution par Ron du sortilège *wingardium leviosa* nouvellement appris et par le mensonge éhonté de Hermione. Cette épisode montre qu'une action en commun est souvent nécessaire pour réussir.

A partir de cet événement les garçons savent qu'Hermione est capable de mentir habilement et ne suit pas aveuglément toutes les règles. Néanmoins les transgressions d'Hermione étonnent régulièrement ses amis jusqu'à la fin de la scolarité. Que ce soit au moment de la préparation du polynectar en deuxième année ou lorsque, avant la dernière année, elle sort les livres sur les horcruxes du bureau de Dumbledore à l'aide d'un sortilège d'attraction, les initiatives d'Hermione les surprennent.

Même Rogue, qui ne supporte pas le côté donneur de leçons de Hermione, soupçonne Harry d'avoir volé des ingrédients de potion dans son armoire. Pourtant, dans sa deuxième année c'était Hermione. Mais il est impensable pour les professeurs que cette élève zélée, qui ne se laisse même pas abattre par du mépris et des remarques désobligeantes puisse mentir et voler.

Plusieurs fois au cours des années, Hermione explique aux amis les raisons psychologiques du comportement d'autres élèves. Elle se sert de ce sens de l'empathie pour rendre Ron jaloux quand il sort avec Lavende pendant la sixième année. Elle ne livre que rarement ses propres sentiments. S'il lui arrive de pleurer, elle semble de préférence se retirer dans les toilettes de Mimi Geignarde. Luna dit: « *Au début, j'ai cru entendre Mimi Geignarde mais en fait, c'était Hermione*[156]. » Personne n'aime s'y rendre et parce que le fantôme gémit continuellement, personne ne se soucie de pleurs venant de ces toilettes.

Hermione n'est pas seulement une bonne observatrice, elle réfléchit aussi et va systématiquement au fond des choses, que ce soit lors de la recherche du monstre de Serpentard ou encore lors des diffamations faites par Rita Skeeter. Toujours elle poursuit son but des mois durant, sans se décourager face à des échecs initiaux. Toutes ses facultés sont nécessaires pour que les trois amis puissent mener à bien leurs aventures.

8.4.2 - Ron

Ron Weasley est le sixième et le plus jeune fils de la famille Weasley. Ron a un important complexe d'infériorité. Il a tant de frères aînés qu'il lui semble presque impossible d'accomplir quelque chose qui n'a pas déjà été fait auparavant par l'un d'eux. Sans arrêt, il est comparé à eux et en plus les jumeaux Fred et Georges ne lésinent pas sur les sarcasmes. Lorsque Ron est nommé préfet, les parents en sont fiers, tandis que les jumeaux font des remarques moqueuses et mettent tout en œuvre pour le dégoûter du poste. Ron ne sait pas comment s'y opposer, tandis que Hermione trouve rapidement le point faible des deux. Elle les menace d'informer leur mère. Presque toujours Ron est à l'ombre de Harry, mais il ne se révolte que rarement. Il semble être convaincu d'être moins bon que Harry bien qu'il ait plusieurs fois fait allusion au fait que ses résultats scolaires seraient meilleurs. Même s'il réussit bien, il ne résiste pas à la tentation de ternir son image, comme c'est le cas au quidditch[157]. Son manque d'assurance atteint son comble lors de la recherche de horcruxes longtemps infructueuse que les trois amis solitaires mènent, tandis qu'ils ne savent toujours pas comment détruire le seul qu'ils ont trouvé.

Pour éviter de perdre à nouveau le médaillon contenant le horcruxe, ils le portent à tour de rôle. Cet objet renforce toutes les pensées d'échec de son porteur et a une influence néfaste sur Ron qui quitte ses amis. Quand il réussit enfin à revenir grâce au déluminateur de Dumbledore, Harry le somme de détruire le médaillon avec l'épée de Gryffondor. Ron doit faire face à ses démons[158]. En effet, la part de l'âme de Jedusor ne s'intéresse qu'à lui-même et énumère, sous les traits de Harry et de Hermione, tous les arguments que Ron s'est opposé dans son for intérieur depuis des années. Le horcruxe réussit presque à prendre le pouvoir de Ron. Il veut tuer Harry à travers Ron comme l'indique la lueur rouge dans les yeux de Ron. Mais la résistance de ce dernier à Voldemort est plus grande qu'il aurait cru lui même. Harry, sur ses gardes, se met en sécurité. Mais le horcruxe ne peut pas briser la loyauté de Ron. Grâce à un énorme effort de volonté il enfonce l'épée dans le médaillon. Il sort renforcé de cette épreuve. Il prend de l'assurance, se défend contre les attaques verbales d'Hermione et prend des responsabilités pour leur quête commune. Il prend la direction quand Harry oublie, presque, la recherche des horcruxes parce qu'il ne pense plus qu'aux reliques de la Mort qui pourraient lui garantir sa survie.

8.5 - S'en tenir à ses convictions

Bien que Harry trouve des amis fidèles à Poudlard, l'histoire de sa vie fait qu'ils ne peuvent pas toujours le comprendre complètement. Au début de sa cinquième année scolaire, quand une majorité des étudiants se détourne une nouvelle fois de lui, il croit que seul son parrain, Sirius, est capable de le comprendre car il a passé douze ans en prison pour un crime qu'il n'a pas commis[159]. Pendant cette période il est particulièrement irritable et de mauvaise humeur. Il brusque ses amis au point qu'ils sont obligés de lui rappeler qu'ils sont toujours à ses côtés[160].

Ni la pression de groupe ni les punitions cruelles d'une Dolores Ombrage ne peuvent convaincre Harry de trahir ses convictions pour vivre en paix. Voldemort a tué les parents de Harry le marquant pour la vie et il tente toujours de l'assassiner. Il est impossible pour Harry de le nier. Harry considère tout ce qu'il doit endurer de ce point de vue. Tous ses soucis quotidiens sont les suites des meurtres de Voldemort.

Il est intéressant de constater que cela ne mène pas de sa part à une haine aveugle de Voldemort, avec le désir de tuer à son tour. Harry reste capable de compassion, garde son esprit enfantin et innocent. Il n'est que trop conscient d'être un simple élève de la sorcellerie et avoir comme adversaire un grand, après Dumbledore, le plus grand des sorciers vivants. Pour échapper à un tel ennemi il est préférable de miser sur la ruse que sur la puissance de ses sortilèges. Les sortilèges d'attaque ne sont pas au goût de Harry.

Régulièrement, Harry est confronté à sa différence. A commencer par les tentatives de la famille Dursley de lui faire passer la magie, sans lui dire la raison des punitions. Au cours de la deuxième année à Poudlard il s'aperçoit que même dans le monde des sorciers, on regarde la faculté de parler fourchelang, la langue des serpents, avec méfiance. Parler la langue des serpents est considéré comme un signe de magie noire. Les camarades de Harry en sont convaincus: puisque Harry parle fourchelang, c'est lui qui a dû lâcher le monstre. C'est pourquoi ils l'évitent. Les enfants Weasley et Hermione sont les seuls à le soutenir. Harry n'a aucun moyen de corriger la méprise, car il est le seul à entendre la voix immatérielle, ce qui n'est pas non plus un signe positif comme le souligne Ron: « *Entendre des voix, ce n'est pas bon signe, même chez les sorciers*[161]. » Cependant, Ron soutient son ami. Ce sera différent deux ans plus tard quand Harry est inopinément obligé de participer au Tournoi des Trois Sorciers. Ron est jaloux et croit dur comme fer que Harry a trouvé un moyen de jeter son nom dans la coupe de feu, bien qu'il n'ait pas l'âge requis. Que beaucoup de ses camarades de Gryffondor le soutiennent cette fois-ci ne lui est rien face à la perte de l'amitié de Ron. Pourtant même maintenant il refuse de faire des concessions. « *Je n'ai pas l'intention de lui courir après [...] Peut-être sera-t-il enfin convaincu que ce n'est pas une partie de plaisir le jour où je me serai rompu le cou ou que...*[162] »

Plus tard, la même année, la journaliste à sensations Rita Skeeter le présente comme un dérangé mental, si bien que son affirmation qu'il a vécu le retour de Voldemort, est considérée comme l'affabulation d'un adolescent qui a un besoin de se faire valoir. Le nouveau professeur Dolores Ombrage fait sienne cette opinion. Elle se donne comme devoir de forcer le garçon à admettre le point de vue officiel des événements, c'est à dire que Harry raconte des mensonges. Elle le met en retenue et le contraint de graver dans le dos de sa main la phrase : « *Je ne dois pas dire de mensonges*[163]. » Malgré cette torture, il tient à ses convictions. Durant les mois et les années qui suivent, ces cicatrices lui sont une stimulation constante à continuer[164]. Ombrage avait espéré faire taire Harry. Mais c'est le contraire qui se passe. Si possible, sa volonté de dire la vérité est encore renforcée. Harry Potter n'accepte pas de renoncer à ses convictions. Là où le couard Peter Pettigrow préfère trahir ses amis que de mourir[165], il partage l'opinion de son père et de son parrain: plutôt mourir que de renier ses propres opinions ou de trahir ses amis.

8.6 - Comportement humain envers les ennemis

Pendant les deux premières années scolaires, les aventures que vivent Harry et ses amis sont du genre classique. Bien qu'il s'agisse de surmonter des dangers mortels, que des ennemis humains et animaux   tentent de tuer Harry et d'autres élèves, jamais ne se pose la question de l'intégrité morale des adolescents. Cela change dans le troisième volume. Jusqu'alors il haïssait Voldemort, le meurtrier de ses parents. Maintenant il déteste également Sirius Black, parce qu'il croit qu'il partage la culpabilité de l'acte. Sirius était le meilleur ami de son père. Quand Harry fait face au traître sans défense, il veut le tuer à l'aide de la magie, bien qu'il n'ait pas encore appris de sortilège mortel. Toutefois, ce n'est pas si simple que cela de commettre un meurtre de sang froid.

« Harry leva sa baguette. Le moment était venu de passer à l'acte. De venger sa mère et son père. Il allait tuer Black. Il fallait qu'il le tue. Il n'aurait pas d'autre occasion de le faire.
Les secondes s'écoulaient et Harry restait toujours là, immobile, la baguette levée[166]*. »*

Il est obligé de constater qu'il n'est pas un assassin, qu'il ne veut même pas être co-responsable d'un meurtre. Un peu plus tard, lorsque le vrai traître de ses parents est démasqué, il plaide pour sa vie. L'année suivante il apprend le nom du sortilège mortel que Voldemort utilisa pour tuer ses parents. *Avada kedavra* est un sortilège interdit. Toutefois, comme Maugrey le souligne, il ne suffit pas de connaître la formule pour que le sortilège fasse de l'effet[167]. Ainsi, on n'est pas surpris que Harry n'essaie même pas d'utiliser ce sortilège quand il est forcé de se battre en duel contre Voldemort. Il se sert du sortilège de désarmement qu'il a déjà utilisé avec succès deux ans plus tôt.

Lorsqu'il prononce le sortilège *endoloris* contre Bellatrix, elle ne fait que s'en moquer et lui conseille : *« Il faut vraiment vouloir la souffrance de l'autre, Potter ! Et y prendre plaisir. La juste et sainte colère n'aura pas beaucoup d'effet sur moi …*[168] *»* Cependant,

Harry ne ressent aucun plaisir sadique de faire souffrir d'autres êtres humains. Pendant trop longtemps son cousin l'a maltraité, pour qu'il puisse délibérément devenir lui aussi un tortionnaire. Cela ne signifie pas qu'il soit un ange. Contre Drago Malefoy il se sert de *sectum sempra* avec de terribles conséquences. Tout ce qu'il sait, c'est qu'il paraît s'agir d'un sortilège efficace contre des ennemis. Cependant, si Rogue, qui maîtrise le sortilège à la perfection, peut contrôler l'étendue des blessures infligées et surtout connaît le sortilège contraire qui guérit, Harry ne met que toute sa haine de Drago dans le sortilège, ce qui cause d'importantes blessures au visage et à la poitrine. Harry est horrifié. Ce n'était pas son intention[169]. Cependant, il a bien prononcé le sortilège car il voulait blesser, cela malgré les avertissements de Hermione qui n'a pas la confiance aveugle de Harry dans les qualités du prince de sang mêlé. Hermione voit bien ses traits vils, là où Ron et Harry ne voient que des farces amusantes. Pourtant Harry a vu dans la pensine comment on peut humilier quelqu'un en le pendant en l'air corps par dessus tête. Mais quand il expérimente le sortilège sur Ron, d'abord il le trouve drôle.

Mais, à la longue il comprend ce que Bellatrix voulait dire et ressent cette haine destructrice qui est étroitement liée aux sortilèges impardonnables. Maintenant il veut se servir d'un de ces sortilèges contre Rogue, mais celui-ci le bloque[170]. Dans cette situation Harry est convaincu qu'il veut vraiment infliger des tortures à son professeur détesté. Mais est-ce que le sortilège aurait effectivement eu plus d'effet que sur Bellatrix l'année précédente ? Severus Rogue ne le croit pas. Cela ne correspond pas au caractère du garçon. « *Vous n'avez ni l'audace, ni la capacité.* » Probablement, il a raison. Harry n'a aucun penchant sadique. Il lui manque aussi la méchanceté d'un Drago Malefoy. L'auteur fait visiblement une différence entre les conséquences parfois dramatiques d'une colère impulsive et d'une méchanceté intentionnelle, qui est nécessaire pour prononcer un sortilège impardonnable avec succès.

Juste avant la bataille de Poudlard, Harry comprend finalement quel état d'esprit est nécessaire pour prononcer le sortilège *endoloris* avec succès. Neville et les autres lui ont raconté que les nouveaux professeurs Alecto et Amycus Carrow forcent les élèves à infliger *endoloris* à des camarades. Lorsque Amycus menace Minerva McGonagall et lui crache dessus, il défend son professeur en infligeant le sortilège à Amycus Carrow[171]. Encore une fois le garçon se sert d'*endoloris*, parce qu'il est en colère. Cependant il ne veut pas se venger d'un tort subi, mais défendre son professeur d'un mangemort. C'est pourquoi elle n'est pas choquée non plus qu'il ait prononcé un sortilège impardonnable, mais le remercie pour son geste chevaleresque.

Dans le quatrième volume un autre trait de caractère de Harry apparaît. Etant un participant du *Tournoi des Trois Sorciers* il devrait considérer les trois autres candidats comme ses adversaires et se concentrer sur son propre avantage dans la compétition, c'est à dire en aucun cas transmettre aux concurrents une information qu'il détient. Mais c'est justement cela qu'il fait. Qu'il parle à Cédric Diggory des dragons a pour conséquence que Cédric lui rend la pareille et donne à Harry une indication sur la deuxième tâche. L'altruisme de Harry et ses égards pour le bien-être de son prochain sont particulièrement visibles dans le labyrinthe. La vie d'un concurrent compte plus pour lui que la possibilité de gagner la coupe[172].

Par la suite, Voldemort se sert de ce trait de caractère pour tendre un piège à Harry. On pourrait en déduire que l'amour du prochain dans le meilleur des cas a des effets neutres, mais que plus souvent il n'a que des inconvénients. En cela on serait tout à fait sur la ligne de Voldemort et de ses mangemorts. Cette vision est réfutée dans le dernier volume. Quand Queudver veut étrangler Harry, le garçon lui rappelle qu'il a une dette envers lui. Ceci a des conséquences surprenantes : Pettigrow se fait étrangler par sa main magique[173]. Du point de vue de Voldemort ce n'est que logique. Il n'y a aucune place pour la pitié dans son monde. Toutefois, c'est justement parce que Voldemort punit la pitié par la mort que Harry peut s'enfuir contre toute attente. Sans le vouloir, Voldemort fait avorter ainsi ses propres désirs. A l'inverse d'Albus Dumbledore il ne comprend pas comment des sentiments complexes peuvent influencer les actions de ses semblables.

Même des sorciers qui sont favorables à Harry, sont sceptiques quant à son altruisme. C'est pourquoi Dumbledore ordonne à Harry d'apprendre l'occlumancie. Avec du recul, il réalise que le naturel ouvert de Harry permet bien à Voldemort de s'introduire dans son esprit, mais que la sensibilité et l'émotivité de celui-ci rendent la prise de possession définitive de son esprit impossible à Voldemort. Il lui est insupportable de partager les sentiments de Harry[174]. L'année suivante Lupin est catégorique : « *Harry, le temps du sortilège de Désarmement est révolu ! Ces gens essayent de te capturer pour te tuer!* » Le refus de Harry de devenir un assassin est tout aussi inébranlable[175]. Ainsi, dans son dernier face à face décisif avec Voldemort il utilise encore une fois le sortilège de désarmement *expelliarmus*.

8.7 - Qui suis-je? Connaître ses propres origines comme préalable indispensable pour l'avenir

Jusqu'à son admission à Poudlard, Harry croit que ses parents ont perdu la vie dans un accident de voiture. D'ailleurs c'est l'unique information qu'il a sur eux. Ce n'est que petit à petit, échelonnée sur plusieurs années, que son histoire prend des contours. Si au début il sait uniquement qu'ils ont été tués par un sortilège, il entend deux ans plus tard, sous l'influence des détraqueurs, leurs derniers mots. Hagrid lui donne un album de photos avec des images de ses parents et de leurs amis. Ainsi ils ne sont plus simplement des points isolés dans le passé, mais leur anciens amis les relient au présent de Harry. L'album ne comporte pas de légendes et au début Harry ne s'intéresse qu'aux représentations de ses parents. Il prend seulement conscience des personnes qui les entourent lorsqu'il apprend par hasard que le fugitif Sirius Black était un ami de son père. Encore deux ans plus tard, il aperçoit un trait de caractère nouveau et peu aimable de son père dans les souvenirs de Rogue. S'il savait dès la fin de la première année à Poudlard que Rogue et James Potter se détestaient, il doit maintenant reconnaître que Rogue ne ment pas quand il décrit le père de Harry comme ayant été arrogant. Cependant, toute l'étendue des relations entre James et ses amis, Rogue et Lily Evans n'est mise à jour que dans les souvenirs de la vie de Rogue. Plus Harry apprend du passé plus se développe sa connaissance de soi. S'il était d'abord seulement fier d'être le fils de James, content d'être considéré comme étant de caractère identique, plus tard il revoit son attitude. Il prend ses distances et atteint une nouvelle liberté quand il s'aperçoit que son père avait des traits de caractère que non seulement il n'a pas, mais qu'il désapprouve par dessus tout. L'essayiste Pascal Bruckner formule cela comme suit : « *Le recouvrement de la mémoire est la première étape de la liberté: s'émanciper c'est d'abord rejoindre ses traditions, fût-ce ensuite pour s'en détacher ou les relativiser*[176]. » Si, à onze ans, Harry veut encore ressembler le plus possible à son père, par la suite il prend ses distances comme le font tous les adolescents. Pour devenir adulte il est indispensable de se différencier du parent du même sexe, de se détacher du lien intérieur. Lorsque Molly Weasley accuse Sirius de confondre Harry avec son père, Harry n'y voit pas de mal. C'est seulement quand il prend connaissance du comportement de James envers Rogue qu'il comprend de quoi il s'agit[177].

Harry a le handicap de tous les enfants qui ne peuvent pas être élevés par leurs propres parents. Il lui manque des informations quant à son origine et à son histoire familiale. Grâce à la décision de Dumbledore de le placer chez sa tante, il est toutefois également protégé de la tentation de donner une trop grande importance à sa survie miraculeuse. Quand il apprend à l'âge de onze ans qu'il est, à cause de cette survie miraculeuse, célèbre dans le monde des sorciers, les conditions de vie difficiles dans la famille Dursley l'ont déjà empreint profondément. C'est pourquoi il est important pour son estime de soi d'apprendre que ses parents étaient des sorciers respectés, pleins de talent et en plus courageux. Bien qu'ils soient morts, ils lui sont des modèles qu'il veut suivre, en particulier son père. Cependant il n'est pas un casse-cou comme l'étaient son père et Sirius. Il a perdu trop de proches pour qu'il puisse délibérément agir ainsi. Il refuse catégoriquement un comportement qui pourrait avoir comme conséquence qu'il perde aussi son parrain. Même si Harry déçoit Sirius sur ce point[178].

Durant toutes ces années Harry n'a jamais émis le souhait de voir sa maison natale. Après la mort de Dumbledore il décide de ne pas retourner à l'école l'année suivante, mais de visiter le lieu de sa naissance et le tombeau de ses parents dès sa majorité, avant même de chercher d'autres horcruxes[179]. Le retour à Godric's Hollow, où il voit sa maison natale détruite et échappe une nouvelle fois de justesse à Voldemort, fait qu'il doive revivre la première tentative de son meurtre avec les yeux de Voldemort. Est-ce qu'il prend à ce moment conscience qu'il porte une part de son ennemi en lui ? Le livre ne le mentionne pas. Toutefois, les événements de la nuit de Noël sont décisifs pour la suite de l'histoire. Il est significatif que Harry et Hermione arrivent précisément à Noël dans le village. D'abord, il est suggéré que la quête sera facile et un succès. Il neige, les gens dans l'église et au pub chantent des chansons de Noël, puis sur le cimetière tout devient noir. Ceci n'est pas une nuit de renouveau harmonieux.

La nuit de Noël est la nuit la plus longue, la plus sombre de l'année. Pour les héros c'est un voyage dans la terreur, le début des épreuves décisives. Dans certaines cultures trois jours d'épreuves suivent cette nuit. « Dans les mythes d'initiation des Egyptiens et Grecs, aux trois jours de la lune noire correspondaient la durée que les candidats devaient passer dans une pièce sombre, réduits à leurs propres moyens, sans appui et face à des dangers terribles et des tentations[180]. » De même les novices doivent passer trois jours de clôture. Par analogie, les jours suivants sont décisifs pour Harry, Hermione et Ron. Tout juste échappé à la mort, Harry apprend que sa baguette a été brisée dans la fuite par celle de Hermione. Harry lui en veut. Mais d'un autre côté ce n'est que grâce à son aide qu'il est encore en vie. S'y ajoute qu'elle a pris la biographie de Dumbledore dans la maison de Bathilda. Maintenant Harry apprend ce que son héros Dumbledore faisait à son âge. Il doit assimiler qu'à l'époque Dumbledore convoitait une puissance qui ressemble étrangement à celle de Voldemort. Durant la troisième nuit, la biche argentée mène Harry à l'épée de Gryffondor. Ron arrive juste à temps pour sauver Harry de la noyade et de l'étranglement par le horcruxe. En trois nuits, Voldemort a tenté par deux fois de le tuer, ce que ces deux amis fidèles empêchent à chaque fois. L'amitié des compagnons sort renforcée de ces nuits.

Après des mois de découragement vient enfin un nouvel espoir de trouver les horcruxes et de les détruire. Harry n'en veut plus à Dumbledore. Cependant il ne s'occupe plus non plus de la recherche depuis qu'il a découvert l'existence des reliques de la Mort. Malgré la remontrance de Hermione, « *Dumbledore t'a donné des instructions très claires : trouver et détruire les Horcruxes ! [...] oublie les Reliques de la Mort*[181], » il ne pense plus à rien d'autre. Harry est conscient qu'il doit mourir s'il ne réussit pas à tuer tous les horcruxes et à la fin Voldemort en personne. Il espère que la possession des reliques lui permettra de sortir vainqueur de la confrontation. « *Les reliques contre les Horcruxes ? Y avait-il un moyen d'assurer son triomphe ? S'il devenait le maître des Reliques de la Mort, serait-il hors de danger*[182] ? » Durant près de trois mois, il ne pense plus à rien d'autre. Tout comme son ennemi, il est obsédé par la baguette de sureau. Voldemort la veut, parce qu'elle serait la baguette la plus puissante de toutes et Harry parce qu'ainsi il serait en possession des trois reliques. Il espère ainsi pouvoir échapper à la mort. Il interprète le verset : « *Le dernier ennemi qui sera détruit, c'est la mort*[183]. » qui est inscrit sur le tombeau de ses parents de manière séculière.

Mais il ne faut pas négliger le contexte du verset. Dans la lettre aux Corinthiens il est question de la promesse chrétienne de la résurrection. Car Jésus est mort pour les hommes, la mort n'est plus la fin. A la fin des temps, la mort sera vaincue et les hommes s'éveilleront des morts. La possession des reliques de la Mort ne peut pas empêcher la mort, c'est que la mort n'est pas définitive dans la religion chrétienne. La décision de Harry de se battre, même si cela signifiera sa mort est prise durant cette période. Il cède la baguette de sureau à Voldemort et avec cela accepte la possibilité du principe de sa propre mort. Chaque événement qui suit renforce sa décision. « *Je continuerai jusqu'à ce que je réussisse… ou que je meure. Ne croyez pas que j'ignore comment les choses pourraient finir. Je le sais depuis des années*[184]. » Toutefois, quand Harry prononce ses paroles il ne connaît pas encore toute la vérité. Il croit encore que soit lui soit Voldemort doit mourir. La prophétie ne dit-elle pas: « *… et l'un devra mourir de la main de l'autre car aucun d'eux ne peut vivre tant que l'autre survit…*[185] » *?* Après la mort de Rogue il apprend que l'un des horcruxes de Voldemort est caché en lui. A cause de cela, la prophétie prend un nouveau sens - les deux mourront en tentant de se tuer l'un l'autre. Voldemort ne le sait pas, c'est pourquoi il n'abandonnera jamais la poursuite du garçon. La tâche de Harry, trouver et détruire les horcruxes pour que Voldemort redevienne mortel, échouera également si Harry prend la fuite. Celui-ci affronte son adversaire avec la certitude de mourir. Cela ne rend pas plus facile la décision finale de faire face à Voldemort sans le combattre. « *La terreur le submergea […] Mourir était-il douloureux*[186] *?* » Mais il ne songe pas à fuir. Durant sept ans il a tout appris sur son histoire, ses origines et sa liaison étroite avec Voldemort. Réaliser qu'Albus Dumbledore lui a transmis tout son savoir, uniquement pour qu'il meure finalement, n'a plus d'importance. Si sa mort est le prix à payer pour finir la guerre avec Voldemort, il est prêt à l'accepter pour le bien de tous.

Cette acceptation de la mort est finalement la condition de la survie de Harry. Il surmonte la peur de la mort, ce qui fait que le sortilège mortel de Voldemort n'atteint que son horcruxe. Comme l'a dit Dumbledore un an plus tôt, il est dangereux de transformer un être vivant en horcruxe. Ici nous voyons le danger principal. Jusque là, la volonté de vivre de Harry, son désir de survivre à un combat était aussi intense que le désir du horcruxe de survivre dans son être intérieur, ce qui a mené au comportement étrange de sa baguette au début de l'année. A la fin, donc, le horcruxe veut survivre, tandis que Harry, son porteur, a accepté sa mort. Cela a pour conséquence la protection magique de Harry. Voldemort dans sa peur de la mort tue, sans en être conscient, une part de sa propre âme. Ce meurtre l'affaiblit de manière décisive, avant même la mort du dernier horcruxe encore vivant. Tandis que Harry sort plus fort de l'expérience de mort imminente, sûr de lui-même mais sans être présomptueux. Ainsi que le montre l'épilogue, il s'intègre dans la communauté magique comme un pair, sans aucun désir d'être vénéré comme quelqu'un d'exceptionnel. Que ses semblables le regardent fixement n'a pas plus d'influence sur lui que dans sa jeunesse, il le supporte simplement. C'est grâce à cela qu'il évite le sort des héros mythologiques.

8.8 - Les rêves

Le sujet des rêves n'est nullement central, si l'on fait abstraction des visions de Harry. Toutefois c'est un aspect intéressant. En effet, Harry Potter rêve beaucoup. Dans chaque volume, souvent dès les premiers chapitres, il fait un rêve important.

Comme toujours dans les romans, les rêves ne constituent pas des accessoires superflus, mais sont des éléments importants de l'action. D'une certaine façon les rêves du héros sont à l'opposé de son incompréhension éveillée ou de la divination. Régulièrement ils donnent des indications sur l'avenir, mais aussi, tout comme dans la vie réelle sont des aides à l'interprétation des événements du passé. Cela se vérifie dès le tout premier rêve.

Lorsqu'on fait la connaissance de Harry Potter, sa tante est en train de le réveiller. Vaguement il se souvient d'avoir rêvé d'une moto volante. Pour lui il ne s'agit que d'un beau rêve. Pas pour oncle Vernon qui provoque presque un accident de voiture quand il l'entend[187]. C'est que lui, contrairement à Harry, connaît son origine magique. Pour lui, le rêve n'est pas seulement un rêve, mais un signe clair de l'existence dans l'inconscient de Harry de ce monde désespérément nié. Tout comme oncle Vernon, le lecteur sait que la moto volante n'est pas qu'un simple rêve, mais une réminiscence de l'arrivée de Harry dans la famille Dursley dix ans plus tôt. Harry n'oubliera jamais ce rêve et la réaction curieuse d'oncle Vernon. Au moment de son départ définitif de chez les Dursley, six ans plus tard, il s'en souvient encore une fois[188].

Le deuxième rêve de Harry dans sa première nuit à Poudlard parle en apparence, de la répartition des élèves sur les quatre maisons qui vient d'avoir lieu, mais en réalité il est question du futur.

« *Peut-être était-ce à cause de son trop copieux repas qu'il fit un rêve étrange. Il portait le turban du professeur Quirrell et le turban ne cessait de lui répéter qu'il ferait mieux de se faire transférer à Serpentard, car telle était sa destinée Harry répondait qu'il ne voulait pas aller à Serpentard. Le turban devenait alors de plus en plus lourd. Harry essayait de l'enlever mais il lui serrait douloureusement la tête et il voyait Malefoy qui riait en le regardant s'escrimer en vain, puis Malefoy prenait l'apparence de Rogue, le professeur au nez crochu, et son rire devenait de plus en plus sonore, de plus en plus glacé. Un éclair de lumière verte avait alors jailli et Harry s'était réveillé, le corps tremblant, baigné de sueur.*

Il s'était tourné de l'autre côté et s'était rendormi. Le lendemain, lorsqu'il se réveilla, il n'avait plus aucun souvenir du rêve[189]. »

Harry oublie son rêve tout de suite. Le fait qu'il est malgré tout raconté, prouve qu'il s'agit avant tout d'une information à l'adresse du lecteur. Il lui est suggéré que le danger ne vient pas de Rogue, mais de Quirrel et du turban. Ce dernier semble mener une vie autonome dans le rêve. La technique narrative du paragraphe est construite si ingénieusement que le lecteur, bien qu'il ne dorme pas, ne prête pas attention au rêve - du moins pas à la partie qui concerne le turban de Quirrel - et, comme Harry, il concentre son attention sur Rogue que le héros a décrété coupable. Si on lit ce rêve en connaissant les *Reliques de la Mort*, on s'aperçoit qu'ici est illustrée la liaison étroite de Harry et Voldemort. Sous le turban se cache Voldemort. Qu'il se trouve sur la tête de Harry, d'où le rêveur ne peut pas l'arracher, indique le lien qui existe entre ces personnages et permet de pressentir qu'il deviendra de plus en plus étroit au cours des années et pourrait devenir un fardeau pour le héros.

Bien sûr on peut objecter que ce n'est qu'un rêve et que Harry est tellement impressionné par la minute sous le chapeau magique (le choixpeau) que celui-ci le hante jusque dans ses rêves tout en fusionnant avec le turban inhabituel de

Quirrel. Ce n'est qu'à la fin du septième volume que toute l'horrible vérité se fait jour. Le choixpeau a dû déceler la petite part de l'âme de Voldemort dans Harry qui est entièrement Serpentard. Cette part de Voldemort aimerait voir Harry chez les Serpentard, mais pas seulement cela, elle aimerait aussi prendre possession du corps de Harry et le détruire, pour retrouver un corps. Toutefois, la part de Voldemort à peine vivante, sous le turban, ne sait pas qu'elle a perdu une partie de son âme dans Harry.

Dans son deuxième année à Poudlard, Harry ne rêve pas. C'est uniquement pendant les vacances d'été chez les Dursley, qu'il a un rêve inquiétant qui reprend la scène devant la cage du serpent au zoo du premier volume.

« *Il rêva qu'on le montrait dans un zoo. Sur sa cage, un écriteau indiquait :* Sorcier de premier cycle. *Allongé sur une litière de paille, faible et affamé, il voyait les visiteurs le regarder avec des yeux ronds. Dans la foule, il reconnaissait Dobby et se mettait à crier pour l'appeler à l'aide mais il l'entendait lui répondre :*
- Harry Potter est en sécurité dans sa cage, Monsieur !
Puis, l'elfe disparaissait. C'était alors au tour des Dursley d'apparaître et il voyait Dudley taper sur les barreaux de la cage en se moquant de lui[190]. »

Cette fois-ci Harry prend la place du serpent. Comme le prétend Dobby, il est enfermé pour sa protection. Mais il est également prisonnier, parce qu'il a fait de la magie sans autorisation. Encore une fois Dudley le raille devant la cage. Lui est libre et peut aller où bon lui semble. Plus tôt dans la journée il s'est moqué de son cousin qui n'a pas reçu de cadeaux d'anniversaire. Le rêve illustre la situation inextricable de Harry : ne pas faire de la magie et être empêché par les Dursley de retourner à Poudlard ou en faire et être exclu de l'école. A l'âge de onze ans Harry a découvert qu'il peut parler aux serpents et en a libéré un par erreur. Dans le rêve tout comme dans la réalité, un an plus tard, c'est lui le prisonnier qui a besoin d'une aide extérieure.

Au niveau symbolique, Harry est le serpent sur plus d'un plan. Comme lui, il est enfermé et espère sa libération. En plus il parle la langue des serpents, fourchelang. Le blason de Serpentard est un serpent. Le rêve donne, comme dans le premier volume, un aperçu des aventures à venir, de la période où la plupart des étudiants soupçonneront Harry d'être l'héritier de Serpentard et auteur des attaques du monstre. Beaucoup plus tard, durant la cinquième année, après avoir vécu en rêve l'attaque de monsieur Weasley, Harry déclare : « *J'étais le serpent*[191]. » C'est seulement le combat de Harry contre Nagini qui montre qu'il n'a définitivement rien d'un serpent.

Dobby, qui est au courant du projet de son maître Lucius Malefoy de libérer le monstre de Serpentard, à l'aide du journal intime ensorcelé, craint que le monstre tue Harry Potter. Il ne lui vient qu'une possibilité de prévenir ce danger: empêcher le retour de Harry à Poudlard. En présence de Harry, il fait de la magie et espère que Harry sera exclu de l'école pour avoir fait de la magie sans autorisation dans une maison moldu. La famille Dursley l'aide dans sa tâche, car elle entretient des ressentiments profonds à l'égard de « l'anormalité » de Harry et n'a jamais abandonné l'espoir qu'il pourra quand même, par un quelconque procédé, devenir comme eux.

Au passage : il est révélateur que Lucius Malefoy, lorsqu'il mijote son projet, ne sait pas que Harry parle fourchelang, tout comme Salazar Serpentard, ce qui le désigne comme héritier possible de ce sorcier. En outre, certains mages noirs avaient l'espoir que Harry prendrait la succession de

Voldemort, puisqu'il a survécu à l'attaque de ce sorcier noir, ce que Rogue indique à Bellatrix.[192] Bien que les événements, pendant la première année de Harry à Poudlard ont clairement fait comprendre qu'il est du côté des ennemis du mage noir, l'année suivante de nouveaux doutes se font jour, à cause de sa faculté de parler fourchelang.

Dans la troisième année deux rêves de Harry sont mentionnés, rêvés respectivement avant et après un jeu de quidditch.

«Il fit alors un rêve étrange. Il marchait à travers une forêt, son Éclair de Feu sur l'épaule, en suivant quelque chose d'un blanc argenté qui se faufilait parmi les arbres et qu'il n'apercevait que par instants, à travers le feuillage. Il hâtait le pas pour essayer de rattraper cette forme insolite, mais celle-ci accélérait également l'allure. Harry se mettait à courir et il entendait devant lui des sabots qui martelaient le sol à un rythme de plus en plus rapide. Bientôt, il courait à toutes jambes tandis que retentissait un peu plus loin un galop effréné. Puis il arrivait soudain dans une clairière et ...[193] »

On n'apprend jamais ce qui se trouve dans la clairière, parce que Harry est réveillé par le cri de Ron. Pendant le jeu de quidditch il avait enfin réussi à réaliser un vrai patronus, mais - entièrement concentré sur la capture du vif d'or - il n'a pas vu sa forme. L'animal du rêve pourrait être une licorne, ce qui permet de faire le lien avec les aventures dans la forêt interdite de la première année. Dans ce cas, un danger guettera dans la clairière. Le bruit des sabots va dans ce sens, c'est peut-être celui des centaures portant secours. Il est également possible d'y voir un lien avec le patronus qui le sauve lui, Hermione et Sirius des détraqueurs à la fin de l'année. Ce pourrait même être une biche, ce qui ferait le lien avec la découverte de l'épée de Gryffondor dans le volume sept. Cela ne semble improbable que pour celui qui ne tient pas compte du fait que l'auteur a fixé les grandes lignes des événements dès le début. On pourrait penser que c'est à cause de ce rêve que Harry croit connaître la biche dans la forêt. Mais comme la biche symbolise également sa mère, Lily, celle-ci pourrait aussi en être la forme.

Ce rêve est un mélange de rétrospective sur le passé et d'un aperçu de l'avenir. La façon de lire le présent, ressemble au rêve. Au moment de l'événement, les héros et le lecteur ont l'impression qu'une attaque mortelle a été déjouée à la dernière seconde. Mais comme on le découvre plus tard, l'intrusion de Sirius dans le dortoir des garçons n'était que la tentative désespérée de capturer le rat domestique de Ron. Celui-là est en vérité le sorcier qui a trahi les parents de Harry à Voldemort. Une menace inconnue de Harry.

Le rêve avant le jeu décisif de quidditch contre Serpentard est du genre que beaucoup de personnes ont avant un événement important :

« Harry dormit mal, cette nuit-là. Tout d'abord, il rêva qu'il avait oublié de se réveiller et que Dubois hurlait : 'Où étais-tu passé ? On a été obligés de prendre Neville pour te remplacer !' Ensuite, il rêva que Malefoy et les autres joueurs de l'équipe des Serpentard arrivaient sur le terrain en chevauchant des dragons ailés. Il volait à toute vitesse en essayant d'éviter un jet de flammes craché par le dragon de Malefoy et s'apercevait soudain qu'il avait oublié son Éclair de Feu. Il faisait alors une longue chute qui le réveilla en sursaut[194]. »

Il est l'expression de la peur d'échouer, d'arriver en retard, de se réveiller trop tard, de ne pas être à la hauteur de ses propres attentes et de celles de ses camarades. Ou encore d'échouer parce que l'adversaire a développé une nouvelle tactique à laquelle on ne sait pas quoi opposer. Dans le rêve il s'agit de l'échange des balais contre des dragons. On peut également considérer cette confrontation d'un dragon et d'un balai comme une préparation aux aventures pendant le Tournoi des Trois Sorciers dans le volume suivant, quand il devra combattre un dragon, malgré l'interdiction de l'importation et la détention de dragons.

Tout comme Harry fait des rêves inquiets avant le jeu de quidditch, il en fait l'année suivante avant la deuxième tâche du Tournoi des Trois Sorciers. Malgré sa recherche désespérée dans la bibliothèque, il ne sait pas comment résoudre le problème posé. Même en rêve il ne peut imaginer de solution. Avec certitude un balai de compétition sera inutile sous l'eau. Du coup il se voit déjà devenu la risée de toute l'école - ce que symbolise la sirène dans le rêve. Au dernier moment l'elfe de maison Dobby le réveille en lui apportant la solution[195].

Un nouveau genre de rêves apparaît cette année là, déclenché par la reprise de forces de Voldemort, dont les préoccupations intenses et émotionnelles par rapport à Harry trouvent leur écho dans le garçon qui dort et, qui devient ainsi témoin de la discussion entre Voldemort et Queudver[196]. Bien que Harry veuille croire qu'il ne s'agit que d'un rêve ordinaire, il sait que la douleur de sa cicatrice est toujours le signe d'un danger mortel. C'est pourquoi il prend le rêve très au sérieux. Pour ne pas inquiéter ses amis, il parle à son parrain de l'incident. Vers la fin de l'année scolaire il s'endort pendant le cours de divination[197]. Encore une fois, il voit Voldemort au moment où il reçoit une nouvelle importante. Cette fois-ci Harry a conscience du risque que Voldemort s'aperçoive de la présence de Harry, et qu'il pourrait l'entendre bien qu'ils soient séparés par des centaines de kilomètres. « *Voldemort allait sûrement l'entendre, s'apercevoir de sa présence…. »* Pour la première fois, apparaît la possibilité que cette faculté extraordinaire de rentrer dans l'esprit de Voldemort, pourrait peut-être ne pas fonctionner qu'à sens unique, et que le danger potentiel existe que Voldemort s'introduise de la même manière dans Harry. Dumbledore, qui pense qu'une part de Voldemort est entrée en Harry lors de son attaque avortée, est le seul à mesurer l'étendue du danger, du risque que ce dernier pourrait involontairement devenir l'espion de Voldemort à Poudlard.

Le lien entre les esprits de Harry et de Voldemort arrive à son apogée pendant la cinquième année scolaire. Dès les vacances d'été, quand Harry arrive au square Grimmaurd, des images de couloirs sombres commencent à apparaître dans ses rêves. Simultanément, il fait des rêves, ainsi qu'il fallait s'y attendre après les terribles aventures au cimetière, qui s'emploient à l'assimilation des événements.

« Même lorsqu'il échappait aux cauchemars dans lesquels il revoyait Cedric, il faisait des rêves inquiétants où se succédaient de longs couloirs sombres qui se terminaient tous par des culs-de-sac ou des portes fermées à clé. Sans doute étaient-ils liés à ce sentiment d'être pris au piège qu'il éprouvait lorsqu'il était éveillé[198]. »

C'est pourquoi il n'est pas surprenant que Harry interprète pendant longtemps le couloir sombre comme une image de son monde émotionnel, enfermé dans un couloir noir, submergé par la mort de Cédric, sans espoir. Il vit séparé de ses congénères, sans qu'il puisse s'attendre à de l'aide de leur part, parce que son histoire est trop terrifiante et extraordinaire. Il se sent exclu du monde humain, stigmatisé.

D'un autre côté Harry est fier que le père de Ron puisse être sauvé grâce à sa vision. Toutefois, cette fierté a comme conséquence qu'il oublie ce qu'il avait pourtant pressenti l'année précédente, que le lien avec l'esprit de Voldemort pourrait fonctionner dans les deux sens. Au moment où il réalise que le couloir du rêve n'est pas un symbole, mais un passage qui existe réellement, sa curiosité est réveillée. Il aimerait bien savoir ce qui se cache derrière la porte, à son extrémité. Il doit s'efforcer d'empêcher que Voldemort s'introduise dans sa tête, tandis qu'il veut également savoir ce qui se trouve derrière la porte. C'est pourquoi il n'écoute pas les avertissements de Hermione. Incapable d'apprendre à fermer son esprit, il sent bien que les leçons d'occlumancie renforcent ses rêves, qu'il en sort affaibli, mais sans pour autant que cela lui paraisse comme un danger réel que Voldemort pourrait le manipuler par ses rêves. Le sauvetage d'Arthur Weasley, n'a-t-il pas prouvé que la liaison inhabituelle avec Voldemort a du bon ? Les rêves de l'année précédente, ne l'avaient-ils pas annoncé ?

S'y ajoute le fait qu'à quinze ans Harry est à un âge où les arguments des adultes ont peu d'influence. Le portrait de Phineas Nigellus l'exprime parfaitement lorsqu'il dit à Harry : « *Les jeunes gens ont toujours l'infernale certitude d'avoir raison en toutes choses. [...] comme tous les jeunes gens, vous êtes convaincu que vous êtes seul à ressentir, seul à réfléchir, que vous seul savez reconnaître le danger, que vous seul êtes assez intelligent pour comprendre ce que le Seigneur des Ténèbres prépare...*[199] » Il n'est pas surprenant que Harry ne le croie pas, puisqu'il exprime l'intime conviction de l'adolescent d'avoir raison, de savoir. Il ne remet rien en question, il se sent un sauveur, qui est le seul à savoir quoi faire. S'il est encore compréhensible qu'il reste sur ses positions face à des adultes, surtout ceux qu'il déteste comme Phineas Nigellus et Severus Rogue, ceci est plus inquiétant dans le cas de Ginny et Hermione, dont les arguments ont du mal à l'atteindre. C'est ainsi qu'il conduit ses amis aveuglément vers un danger mortel, car il prend pour la réalité, des rêves induits par Voldemort[200]. Il se met en route pour le prétendu sauvetage de son parrain ce qui cause indirectement sa mort. C'est seulement quand Lucius Malefoy dit clairement qu'il s'est fait manipuler qu'il réalise l'étendue de son erreur - trop tard[201].

Après l'échec de Voldemort dans la prise de possession de l'esprit de Harry dans le ministère de la magie, il ferme de son côté son esprit et interrompt la connexion, de sorte que les rêves de Harry ne reflètent à nouveau que ses propres sentiments et préoccupations. Comme par exemple son amour naissant pour Ginny, sa peur que cela pourrait lui faire perdre l'amitié de Ron. « *Le lendemain matin, Harry se réveilla un peu étourdi et désorienté par une série de rêves dans lesquels Ron l'avait poursuivi avec une batte de Qidditch[202].* » Un deuxième rêve qui assimile des informations est mentionné. Il s'agit de la politique de Fenrir Greyback d'attaquer des petits enfants et de les mordre pour punir leurs parents - et cela pas seulement depuis le regain de puissance de Voldemort. Déjà Lupin, étant petit enfant, est devenu un loup-garou à la suite d'une attaque de Greyback. « *[...] sombrant enfin dans un sommeil agité, rempli d'ombres qui rôdaient autour de lui et de cris d'enfants mordus...[203]* »

Puis il y a la question qui le torture, savoir ce que Drago Malefoy peut bien faire dans la salle sur demande et ce qu'il doit faire pour Voldemort. « *[...] quand il s'endormit enfin, ses rêves furent perturbés par des images de Malefoy qui se transformait en Slughorn qui se transformait en Rogue...[204]* » Comme c'était le cas pour les rêves précédents, le rêve sert ici d'élément narratif, qui souligne que Malefoy n'est pas l'unique souci de Harry, qu'il faut aussi mettre au clair les rôles de Slughorn et de Rogue. Comment faire pour arracher le souvenir à Slughorn et, à quoi se rapporte le serment que Rogue a prêté à la mère de Drago ?

Son rêve après la mort de Dumbledore est de toute autre nature. Comme tous les rêves de cette année-là, il met en images une question concrète: Comment trouver les horcruxes manquants? Cependant, un doute quant à la franchise de Dumbledore s'y ajoute. « *[...] ses rêves furent peuplés de coupes, de médaillons et de mystérieux objets qu'il n'arrivait pas à atteindre, Dumbledore venait à son secours en lui apportant une échelle de corde mais elle se transformait en serpents dès l'instant où Harry essayait d'y monter...*[205] » Une part de lui semble consciente que Dumbledore ne lui a pas entièrement fait confiance, qu'il a retenu des informations, ce qui pourra bien entraver la recherche de Harry. Les explications manquantes pourront représenter un risque. Le lecteur est également prévenu que dans le cours futur de l'histoire il pourra s'avérer que Dumbledore n'était pas tout à fait le sage magicien bienveillant qu'on croyait.

Dans *les Reliques de la Mort* la liaison avec l'esprit de Voldemort se rouvre. Cette fois clairement identifiée en tant que telle, une confusion avec des rêves ou des hallucinations est dorénavant exclue.

Harry est entièrement concentré sur la recherche et la destruction des horcruxes. Un seul rêve est rapporté, à savoir dans la nuit suivant l'attaque de Nagini et de Voldemort, juste avant le retour de Ron. « *Les rêves de Harry étaient confus, troublants : Nagini ne cessait d'aller et venir, sortant d'abord d'une gigantesque bague à la pierre fendue, puis d'une couronne de roses de Noël. Il se réveilla à plusieurs reprises, saisi de panique, persuadé que quelqu'un l'avait appelé au loin...*[206] » Nagini héberge, comme Harry le sait, un autre horcruxe. Dans le rêve le serpent traverse d'abord un second horcruxe. On conclut qu'il a déjà été détruit, parce qu'il est fendu. Harry a déposé une couronne de roses de Noël sur le tombeau de ses parents. Probablement le serpent l'avait alors épié. Harry vient d'échapper à un grand danger, mais n'a pas réussi à tuer Nagini, qui est perçu comme une menace dans le rêve. Les appels que Harry entend sont automatiquement liés aux événements passés et pour cela ressentis comme angoissants. Il se trouve par la suite qu'il s'agissait de Ron qui tentait de revenir chez Harry et Hermione. Ici, tout comme dans le cas des corridors, le penchant actuel à tout interpréter sous l'angle de la psychologie est habilement utilisé dans la narration pour augmenter la tension chez le lecteur et l'attirer sur une fausse piste.

En résumé, on peut dire que la série de livres distingue deux genres de rêves: des rêves traditionnels et plus tard, dans le quatrième et cinquième volume, quelque chose qu'on pourrait désigner comme des rêves prédictifs. Ce ne sont pas vraiment des rêves mais la participation au vécu, aux actions de Voldemort au moment où ils surviennent. Ils cessent après les suites tragiques du rêve de la torture de Sirius. Dans le sixième volume il n'y a de nouveau que de petits rêves qui reflètent les soucis et désirs de Harry, qui participent en quelque sorte à une mise au point de certains sujets et éléments importants de l'histoire. Dans le dernier volume Harry réalise finalement que ses entrevues du monde émotionnel de Voldemort n'ont rien de rêves et qu'il peut, du moins temporairement, admettre ou exclure ce lien avec son adversaire suivant ses besoins.

9 - Des garçons abandonnés

Au moment où Harry se met en route vers sa dernière rencontre avec Voldemort dans la forêt interdite, l'auteur fait explicitement le lien entre lui, Rogue et Voldemort.

« Il aurait voulu qu'on l'empêche de continuer, qu'on le ramène en arrière, qu'on le renvoie chez lui ...
Mais il était chez lui. Poudlard était le premier foyer qu'il ait connu, le plus accueillant. Lui, Voldemort et Rogue, les garçons abandonnés, avaient tous trouvé un foyer ici...[207] *»*

Dans le volume deux la ressemblance entre Tom Jedusor, le futur Voldemort, et Harry Potter est indiquée pour la première fois au moment où Harry visionne le souvenir de Tom.

A Noël, Harry reçoit une lettre des Dursley avec la requête qu'il demande à rester à l'école même pendant les vacances d'été[208]. Un peu plus tard, il voit que Tom, cinquante ans plus tôt, pose la même question, parce qu'il ne veut pas retourner à l'orphelinat des moldus[209].

Quand Harry trouve le journal intime et ne le jette pas, malgré le fait qu'il est vide, cela est justifié par son sentiment d'avoir retrouvé un ami à travers le journal.

« Harry n'aurait su dire pourquoi il n'avait pas jeté le journal de Jedusor. Tout en sachant qu'il ne contenait rien, il ne cessait d'en tourner les pages d'un air distrait comme s'il lisait machinalement une histoire. Harry était sûr qu'il n'avait jamais entendu le nom de T. E. Jedusor et pourtant ce nom semblait signifier quelque chose pour lui, comme si Jedusor avait été un ami qu'il avait eu dans sa petite enfance et qu'il avait oublié depuis[210]. *»*

Tom Jedusor arrive à la conclusion qu'on ne peut vivre que si l'on est le plus fort et le plus puissant de tous. Lui aussi, dans son enfance, était désemparé face au malheur et aux larmes. Pour s'immuniser définitivement de ses sentiments, il les tue. Celui qui n'a pas de sentiments est invulnérable. Son admirateur Severus Rogue souscrit à ce credo. Toutefois, il ne prend modèle sur son idole qu'au niveau rationnel, à l'inverse de Voldemort il ne s'interdit pas tous les sentiments. Depuis son enfance il aime Lily et le fait qu'elle descende d'une famille moldu n'y change rien. Il méprise tous les descendants de moldus, mais il aime Lily. Il ne voit qu'une issue à ce dilemme. Si l'amour et des sentiments peuvent être exploités par l'entourage pour infliger des blessures, mais que l'amour existe malgré tout, il ne reste que le deuxième choix, faire semblant de ne pas avoir de sentiments, les cacher au plus profond de soi et devenir un expert dans l'occlumancie. C'est un prix élevé.

Harry qui, bien plus tard après les événements dans le ministère de la magie, est obligé de constater que l'amour rend vulnérable, ne choisit malgré tout pas la même voie que Rogue. Il met l'accent sur l'événement décisif, celui qui lui montre l'importance de l'amour, mieux, qui prouve qu'il peut sauver la vie. N'a-t-il pas survécu au sortilège mortel de Voldemort parce que sa mère a donné sa vie pour lui ? A l'inverse de Rogue et de Voldemort il est aussi incapable de cacher ses sentiments. Bien qu'il rencontre plus d'une fois des difficultés parce qu'il agit de façon impulsive, il prend le parti des émotions, soulignant leur influence positive sur la vie.

On peut penser que Rogue, à la fin de la sixième année, a bien remarqué que Harry passe tout son temps libre avec Ginny Weasley, en effet toute l'école en parle[211]. Pourtant, il n'y est pas fait le moindre commentaire, même pas face à

Harry. Encore moins face à Voldemort qui aurait certainement, comme le craint Harry, utilisé Ginny pour l'atteindre.
Tout comme l'a fait le souvenir adolescent de Voldemort, au
cours de la deuxième année de Harry.

Le tableau ci-dessous donne un aperçu des ressemblances
entre les situations, cependant il montre également qu'une
situation de départ semblable, ne mène pas inéluctablement à
une vie comparable. Il y a toujours des choix possibles. Tout
dépend de la façon de se raconter l'histoire de sa vie.

	Tom Jedusor	Severus Rogue	Harry Potter
Parents	Orphelin : le père moldu, quitte sa mère (descendante de Serpentard) avant sa naissance. Elle meurt.	Les parents se disputent continuellement. Père moldu, mère sorcière. Les disputes n'ont pas la sorcellerie comme sujet.	Ses parents sont assassinés par Voldemort, quand ils veulent protéger leur enfant. Les deux sont sorciers, la mère d'origine moldu.
Amis d'enfance	Aucun. Les autres orphelins le craignent.	Aucun, jusqu'à ce qu'il rencontre Lily Evans vers neuf ou dix ans.	Aucun. Son cousin Dudley n'admet pas que d'autres enfants le fréquentent.
Sorcier	Ne sait pas qu'il est un sorcier. Mais sait qu'il a des pouvoirs spéciaux qu'il utilise contre les autres enfants.	Il sait qu'il est un sorcier et attend l'admission à Poudlard avec impatience. Parle à Lily de l'école	Il ne sait pas qu'il est un sorcier, ne pense pas être quelqu'un de spécial. Sa tante est au courant.
Poudlard	Il continue d'agir en secret. Ses amis sont plutôt des admirateurs. C'est un très bon élève.	Lui et ses amis sont attirés par la magie noire. A cause de cela Lily qui est d'origine moldu, cesse finalement de lui parler.	Il trouve deux amis fidèles, Ron Weasely de sang pur et Hermione Granger qui vient d'une famille moldu. Il est un élève moyen avec une tendance à enfreindre les règles.
Carrière	Demande de pouvoir enseigner à Poudlard, suite au refus, il maudit la matière convoitée. Son but est le pouvoir absolu et l'immortalité.	Devient professeur à Poudlard, expert en occlumencie. Il cache ses émotions, Dumbledore est le seul à les connaître.	Il ne sait pas cacher ses émotions et ne le veut pas. Il devient auror et fonde une famille.

10 - Les personnages secondaires

En plus des personnages traités jusqu'ici, il y en a de nombreux autres dans les sept volumes: la famille Dursley où Harry vit, Rubeus Hagrid le garde chasse imposant de Poudlard et son amour des monstres, des professeurs, l'elfe de maison Dobby et des camarades d'école comme les frères et sœur de Ron ou encore Luna Lovegood. Un grand nombre d'entre eux mériterait une étude spécifique, toutefois cela dépasse le cadre de ce travail. Je me contenterai de quelques indications sur Ginny et deux élèves qui apparaissent dans tous les livres et qui évoluent de manière remarquable : Neville Londubat et Drago Malefoy.

10.1 - Ginny Weasley

Ginny, qui ne possède que des objets usagés qui appartenaient précédemment à d'autres, utilise l'agenda comme journal intime, visiblement sans que cela la dérange qu'il ne date pas de l'année en cours. Beaucoup de filles écrivent un journal intime, en le traitant d'ami à qui ont peut tout raconter. Celui de Ginny est mieux que celui des autres filles à cet égard, parce qu'il répond, donne l'impression de s'intéresser réellement à ses petits soucis. Bien qu'elle vienne d'une famille de sorciers, cela ne l'inquiète pas. Elle est rassurée par le fait que l'agenda était glissé dans un manuel scolaire que ses parents viennent de lui acheter. Pourquoi serait-il dangereux ?

Son frère Ron au contraire, souligne la dangerosité potentielle de l'agenda dès qu'il l'aperçoit[212]. Il énumère quelques dangers qui peuvent venir de livres ensorcelés.

Cependant le journal intime de Jedusor est beaucoup plus dangereux qu'il puisse l'imaginer. Il n'influence pas seulement de façon visible le comportement de son propriétaire, qui remarque rapidement qu'un livre est ensorcelé s'il ne peut plus le quitter des mains, tout comme cela est bientôt décelé par l'entourage. Le journal intime de Jedusor agit en secret. Imperceptiblement, il ne contrôle pas seulement la vie de sa détentrice, il prend le contrôle de Ginny elle-même. Par moment il éteint complètement sa conscience et agit à travers elle. Au début, il a encore besoin de son corps pour le faire, mais quand une quantité suffisante des émotions de Ginny a été transférée dans le horcruxe, il peut prendre la forme physique du jeune Jedusor, tandis que Ginny perd conscience et manque de mourir.

« La raison pour laquelle Ginny se trouve dans cet état, c'est qu'elle a ouvert son cœur et révélé tous ses secrets à quelqu'un qu'elle ne connaissait pas et qu'elle ne pouvait même pas voir[213]. »

Lorsque Ginny entre en contact avec le horcruxe elle n'est qu'une petite fille, naïve, confiante, sans la moindre idée de l'étendue du mal qui se trouve en face d'elle. Cinq ans plus tard son frère Ron entre en contact avec un autre des horcruxes de Voldemort. Il est au courant de leur pouvoir et des dangers qui émanent d'eux. Malgré tout, le horcruxe influence ses pensées et renforce toutes les représentations négatives.

10.2 - Neville Londubat

Neville Londubat descend d'une famille de sorciers de sang-pur. Il est né le même mois que Harry et habite chez sa grand-mère, qui cherche désespérément le moindre signe de

magie dans l'enfant et craint déjà qu'il soit un moldu[214],
tandis qu'au même moment la famille de Harry fait tout
pour chasser la magie du garçon. Tout comme Harry il est à
Gryffondor,, toutefois le lecteur se demande longtemps
comment cela se fait, étant donné que le garçon est
terriblement étourdi et sans assurance. Ainsi, dès la première
leçon de vol il tombe du balai, et il commet
systématiquement des erreurs dans la préparation des potions
magiques, et c'est pourquoi il est exposé au mépris du
professeur de potions, Rogue. Pendant plusieurs années il
oublie même régulièrement le mot de passe qui donne accès
à la salle commune de Gryffondor. Ce n'est que pendant la
quatrième année que Harry voit dans la pensine, pourquoi le
garçon vit chez sa grand-mère. Les partisans de Voldemort, à
la recherche de leur maître disparu, les ont torturés jusqu'à
ce qu'ils perdent la raison. Neville ne l'a jamais mentionné, et
jamais ses camarades n'ont posé de questions sur ses parents.
Ce n'est que par un hasard que Ron et Hermione
l'apprennent à leur tour, quand ils visitent la station fermée
de l'hôpital Sainte Mangouste pour maladies et blessures
magiques. Toutefois, Neville a déjà commencé un peu plus
tôt, à changer. Pendant les rencontres secrètes de l'AD il fait
d'énormes progrès dans la défense contre les forces du
mal[215]. Puis pendant la dernière année à Poudlard, il se
transforme même en meneur d'un groupe d'élèves qui se
révoltent contre le nouveau régime de l'école. La preuve
finale qu'il est un vrai Gryffondor est donnée quand il fait
face Voldemort. Lors de cet affrontement, le choixpeau lui
donne l'épée de Gryffondor[216].

10.3 - Drago Malefoy

Drago Malefoy et ses parents sont issus d'une vieille famille respectée de sangs-purs et versée dans la magie noire. Ils méprisent les Weasley parce qu'il n'ont pas d'argent, mais également parce que Arthur Weasley est extrêmement fasciné par les inventions des moldus. Drago est toujours entouré par ses deux amis Crabbe et Goyle qui lui servent de gardes du corps. Lui et son père sont absolument certains d'avoir les amis qu'il faut et d'être sur une position inattaquable. Cela change quand Voldemort apprend que le journal intime a été détruit par la faute de Lucius Malefoy. Pour punir la famille il ordonne à Drago d'assassiner Albus Dumbledore. Voldemort est convaincu que Drago n'a pas le sang-froid nécessaire, indispensable pour tuer son directeur respecté. En cas d'échec lui et ses parents sont menacés de mort. S'il réussit, il détruit une part de son âme et devra vivre avec cette faute. Cependant, bien que Drago soit assez méchant pour utiliser deux des trois sortilèges impardonnables, il est incapable d'assassiner Dumbledore[217]. L'année suivante la condition de la famille Malefoy se détériore au point que Crabbe et Goyle ne suivent plus Drago. Crabbe déclare : « *Je n'obéis plus à tes ordres,* Drago. *Toi et ton père, vous êtes finis*[218]. » Au cours de cette nuit, pendant la bataille de Poudlard, Harry et Ron lui sauvent deux fois la vie. Tout cela a pour conséquence que les garçons ne cultiveront pas toute leur vie leur antipathie réciproque comme l'avaient fait Sirius Black et Severus Rogue. Ainsi que l'indique l'épilogue, ils enterrent leurs querelles d'écoliers et à l'âge adulte ils se rencontrent de façon polie quoique distante. Rowling laisse même germer la possibilité que la génération des petits-enfants pourra s'aimer en faisant dire à Ron : « *Ne sois quand même pas* trop *amie avec lui* [Scorpius Malfoy], *Rosie.*

Grand-père Weasley ne te le pardonnerait jamais si tu épousais un Sang-Pur[219]. » Un amour entre un Serpentard et un Gryffondor, qui était encore impossible pour Lily Evans et Severus Rogue, devient pensable.

11 - Conclusion

Comme le montre la présente interprétation, le succès mondial de la saga Harry-Potter s'explique en partie par les nombreux éléments mythologiques que les récits utilisent, et qui les rapprochent des contes facilitant l'orientation du lecteur. Mais simultanément les traditions sont fréquemment rompues. Comme c'est le cas dans les bons romans policiers, il y a régulièrement des éléments surprenants qui remettent en question l'interprétation des chapitres et des livres précédents. L'histoire ne suit pas un schéma simple en noir et blanc, d'un côté les bons, de l'autre les méchants. Beaucoup de personnages ont un caractère individuel, leurs actes sont compréhensibles, d'un point de vue psychologique et les interactions des adolescents entre eux sont crédibles.

L'œuvre pose des questions essentielles sur le respect des lois, l'obéissance, l'insubordination et aussi sur le libre arbitre. Elle démontre quelles conditions doivent être remplies pour qu'un être humain se dresse contre son groupe pour ne pas renier ses propres convictions.

Dans la mesure où ce travail ne veut donner qu'une vue d'ensemble des sept volumes, beaucoup de sujets sont à peine esquissés et l'auteur néglige complètement les grandes différences dans les adaptations aux cinéma.

Annexes

Harry Potter et l'enfant maudit

Le 31 juillet 2016, une nouvelle aventure autour de Harry Potter est sortie en anglais, « *Harry Potter and the cursed child.* » La traduction française est disponible depuis octobre 2016. Il ne s'agit pas d'un roman, mais d'une pièce de théâtre. Les fans attendaient cette publication avec impatience. Toutefois, une fois, qu'ils avaient lu la pièce, un grand nombre d'entre eux était déçu. Ce qui se reflète dans les appréciations sur les sites de vente en ligne. Quant aux critiques dans la presse anglaise et française, elles étaient plutôt mitigées. En effet, comme il s'agit d'une pièce de théâtre, il n'y a pas de descriptions détaillées, ni d'informations précises sur les expressions des visages ou, par exemple, la façon comment quelqu'un porte un chapeau. Il y a uniquement les dialogues et des directions scéniques indiquant le lieu et d'autres informations indispensables. Est-ce que la scène est vide ou au contraire surchargée d'objets, fait-il nuit, qui est sur scène ainsi de suite. En plus on trouve des informations succinctes concernant les émotions et déplacements des personnages.

Une pièce de théâtre est destinée à être jouée sur une scène. Le décor, le jeu des acteurs, l'interprétation du texte par le metteur en scène sont primordiales. C'est pourquoi un même texte trouve de multiples expressions suivant la mise en scène. La lecture du livre n'est jamais qu'un substitut. La pièce comporte deux parties et nécessite une quarantaine d'acteurs. Chaque partie dure deux heures vingt. C'est pourquoi deux représentations sont requises pour jouer l'ensemble de la pièce. En tout, il y a quatre actes avec, au total, soixante-quinze scènes qui se déroulent à quarante-neuf endroits différents. Comme beaucoup de scènes sont très courtes, il y a beaucoup de changements de décors rapides. En plus, il y a de la magie à mettre en scène, y compris un duel de magiciens. Mais à la différence d'un film, il est impossible de reprendre un trucage plusieurs fois jusqu'à ce qui'l soit au point. Au théâtre, il doit fonctionner à chaque représentation. Cela nécessite beaucoup de coordination et de travail. D'après les premiers critiques qui ont vu la pièce, le spectacle est une réussite et entre 2016 et 2017 la mise en scène a remporté plusieurs récompenses. Toutefois, comme la pièce se joue à guichet fermée jusqu'en février 2018 et au-delà, la grande majorité des fans doit se contenter du script.

La pièce de théâtre a visiblement été écrite pour satisfaire le désir des fans, de renouer avec les personnages de la saga. Il s'agit d'une fan-fiction qui joue avec des éléments des romans. Elle permet de revoir un grand nombre des personnages initiaux et ajoute, après le succès des livres et des films, l'événement théâtrale. La pièce commence par la reprise d'une partie des dialogues de l'épilogue de *Harry Potter et les reliques de la Mort*. Toutefois, ce n'est pas J. K. Rowling qui a écrit le scénario mais l'homme de théâtre Jack Thorne. J. K. Rowling a cependant supervisé et approuvé le travail.

Venons au contenu de *l'Enfant Maudit*. Les héros de la pièce de théâtre sont Albus Severus Potter, le fils de Harry et Scorpius Malefoy, le fils de Drago. Si l'épilogue du volume sept, nous laisse croire, qu'il y aura peut-être un jour une liaison entre Rose Weasley et Scorpius et que, de toute façon Albus intégrera Gryffondor, c'est une erreur. Le coup de théâtre c'est qu'Albus devient un Serpentard comme son nouvel ami Scorpius.

Albus est d'une nature inquiète. Il a l'impression d'être incompris, et rejeté par son père parce qu'il n'est pas un Gryffondor. Afin de prouver sa valeur, il décide de changer le cours de l'histoire. A l'aide du seul retourneur de temps qui existe encore, il veut faire en sorte que Cédric Diggory ne meure pas à la fin du Tournoi des Trois Sorciers. Par conséquent, son père Harry ne pourra plus être accusé d'être responsable de cette mort et il en remerciera son fils. Du moins, c'est ce que ce dernier s'imagine. Il entraîne son meilleur ami dans l'aventure.

Scorpius Malefoy a un caractère à l'opposé de se que son prénom laisse entendre. En anglais Scorpius est le nom de la constellation stellaire et du signe du zodiaque du Scorpion. Les scorpions sont des animaux avec un aiguillon venimeux. Leur venin peut être mortel. Le scorpion apparaît aussi dans la mythologie grecque. Il existe plusieurs légendes dans lesquelles le scorpion est envoyé par un dieu avec la mission d'empoisonner le chasseur Orion qui a l'intention de tuer tous les animaux sur terre. Par la suite Orion et Scorpion sont placés dans le ciel. Orion est visible en hiver et Scorpion en été. Le personnage Scorpius Malefoy quant à lui n'a aucune agressivité. Comme son ami Albus, il ne répond pas aux attentes de son père. En plus des rumeurs persistantes prétendent qu'il est le fils de Voldemort. C'est pourquoi les autres enfants l'évitent, ce dont il souffre. C'est un garçon calme et posé qui réfléchit avant d'agir. Mais même s'il ne prend pas de décisions précipitées et qu'il désapprouve parfois les choix d'Albus, il reste malgré tout fidèle à son ami. Dans le deuxième acte, c'est Scorpius qui devient le personnage clé.

La troisième personne importante, bien que peu crédible, est Delphi. Delphi est le nom anglais de l'ancienne ville grecque

Delphes, connue pour son oracle. D'après le script, Delphi serait la fille de Voldemort et de Bellatrix Lestrange conçu grâce au retourneur de temps. Le personnage sert à amorcer l'histoire, puis à la relancer. Elle est extérieure à toute logique narrative. Son existence est tout simplement impossible au regard de l'histoire de Voldemort. Il est impensable qu'il aurait pu avoir un enfant. Après la création des horcruxes, il ne lui reste que la haine comme émotion. S'il est adoré par Bellatrix, qui fait tout pour attirer son attention, lui la méprise en retour.

L'existence de Delphi aurait été possible, parce que des mangemorts, venant d'un futur possible, auraient convaincu Voldemort de la nécessité d'une descendance. Avec tous ce qu'on sait du caractère du mage noir, personne n'aurait osés évoquer la possibilité de sa mort. Ou, si quelqu'un s'y était risqué, son maître l'aurait tué sur le champs. Et donc il n'aurait pas pu lui en parler dans le futur. En effet, quelqu'un venant du futur, qui se fait tuer dans son passé, sera effacé de l'histoire, vu qu'il est mort. A ce point, on voit clairement le problème majeur du voyage dans le temps. Le fait de changer un élément dans le passé, a pour conséquence un changement complet du cours de l'histoire. Tout un genre littéraire, appelé uchronie, s'intéresse à ce sujet.

Une fois la longue introduction passée, *L'enfant maudit* est une succession de voyages dans le temps. Le but initial est d'empêcher Cédric Diggory de mourir en l'empêchant d'arriver à la troisième épreuve du tournoi.

La première tentative échoue, mais elle a pour conséquence que Hermione ne va pas au bal avec Victor Krum. Ce détail change son avenir et celui de Ron. Ce dernier ne réalise pas qu'il aime Hermione, ils ne se marieront pas et n'auront donc pas d'enfants. Ce qui a pour effet, que dans ce future là Rose Weasley n'existe pas.

La deuxième tentative est couronnée de succès. Toutefois, cela change le futur de façon dramatique. En effet, Cédric reste en vie, mais humilié il rejoint les mangemorts. Finalement il tue Harry Potter. Ce qui signifie qu'il ne se mariera pas et n'aura donc pas d'enfants. C'est pourquoi Albus disparaît.

A partir de ce futur sans Harry ni Albus Potter, où Voldemort gagne la bataille de Poudlard, Scorpius tente de rétablir la réalité initiale. Il retourne encore une fois au même endroit. Pourtant, il aurait pu rester dans ce monde nouveau où il a une bien meilleure position qu'avant. Mais son meilleur ami n'existe plus et sa mère est toujours morte. Il en conclut que les morts restent morts. Mais alors, pourquoi ce futur avec un Voldemort vivant?

Ce postulat, que les morts restent morts, met en péril l'idée initiale du plot et révèle une des faiblesses de l'histoire. Cédric est mort et cette mort ne peut pas être effacée par des actions à postériori. Comme l'intrigue est basée sur le postulat inverse, qu'on peut justement empêcher la mort d'une personne, il convient de partir du principe que le passé qui n'est pas directement affecté par la manipulation des événements reste intacte. Nous somme ici en présence d'un dilemme central des récits de voyage dans le temps. La narration doit obligatoirement définir le périmètre de l'action du voyage. Qu'est-ce que le voyageur peut changer volontairement ou accidentellement, et où sont les limites ?
Le dilemme du voyage dans le temps apparaît déjà dans *le Prisonnier d'Azkaban*. Dumbledore y dit que Harry et Hermione pourront sauver plus qu'une vie grâce au retourneur de temps. Il est stipulé qu'une personne morte ne

pourra pas être ressuscitée. La scène où Harry, Hermione et Sirius sont sauvés des détraqueurs, parce que Harry envoie un patronus depuis un futur parallèle, illustre bien les problèmes narratifs liés aux voyages dans le temps. Harry est sauvé par un personnage de l'autre côté du lac, qui s'avère être lui-même. Dès qu'il est question de voyager dans le temps, il faut oublier la logique ordinaire et postuler la possibilité qu'une personne peut se dédoubler dans deux réalités, en principe parallèles, mais qui peuvent se croiser et interagir sous certaines conditions.

Malgré le fait que les voyages dans le temps posent des problèmes logiques, le lecteur est captivé, impatient de savoir comment les protagonistes réussiront à rétablir le futur d'origine.

Par ailleurs, il y a d'autres points de la narration qui peuvent décevoir. Le Harry Potter adulte a perdu sa sensibilité face à la menace du mal. Drago lui parle des rumeurs autour d'un enfant de Voldemort, et il ne s'en occupe pas, pourtant il vient de confisquer un retourneur de temps et entend la voix de Voldemort dans ses rêves. Hermione cache le retourneur de temps dans son bureau et ne s'aperçoit pas de son vol, ce qui était impensable pour l'Hermione adolescente. Sans parler du personnage de Ron qui n'a aucune consistance.

Dans le cas de ce livre il convient de s'intéresser au titre et à l'illustration de la couverture. L'enfant maudit est bien sûr Albus qui se sent incompris par son père et qui déclenche la succession d'aventures dangereuses. Il a probablement été ensorcelé par Delphi lors de sa première apparition à côté du garçon sur les marches de l'escalier, dans la maison familial. Cela se passe presque sous les yeux de Harry Potter, qui ne s'aperçoit de rien.

Mais comment interpréter la couverture ? Contrairement, aux habitudes, du moins des premières éditions anglaises des romans, elle ne reprend pas une scène de la narration. On voit un nid ailé sur fond jaune, avec, à l'intérieur du nid, un enfant. Le nid est l'endroit où l'oisillon est protégé des dangers du monde qu'il affrontera une fois ce lieu rassurant quitté. Dans la langue courante, on dit souvent qu'un adolescent quitte le nid familial, qu'il vole de ses propres ailes quand il prend un logement à lui. En principe, un nid ne se déplace pas. Ici, il a des ailes. L'enfant en son centre semble toujours être en sécurité, protégé, mais ce n'est pas le cas. Il est blotti au centre, recroquevillé, comme pour empêcher les dangers de l'atteindre. Le jaune, plus clair dans le centre qu'à l'extérieur, donne l'impression d'attirer ou d'éjecter le nid. Je l'interprète comme la visualisation de l'action du tourneur de temps qui donne des ailes au nid. Ainsi, l'enfant est transporté ailleurs. En apparence, il est toujours protégé par son entourage. Cependant, la réalité change et, avec elle, les comportements des adultes. Ils veulent toujours le protéger, mais le jeune qui vient d'une autre réalité y perd ses repères et ne se sent plus en sécurité. On peut également penser à Delphi, qui est une sorte d'œuf de coucou dans le nid. Comme les ailes sont noircies comme brûlées, l'association au mythe d'Icare est permise. Icare se construisit des ailes, mais vola trop près du soleil qui les détruisit. C'est pourquoi le jeune homme se noya. Dans le cas de l'enfant maudit, le nid, ou si l'on veut la protection par les parents aimant, empêchera la mort des héros.

L'intrigue de *Harry Potter et l'enfant maudit* n'a pas la densité ni la rigueur des romans de la série Harry Potter. Les aventures tournent autour de la question: que ce passe-t-il si l'on modifie un détail du passé et comment revenir à l'état initial.

Cela permet aux scénaristes de revisiter des séquences de l'adolescence de Harry et de ses amis. Toutefois, dix-neuf ans plus tard, leurs caractères manquent de consistance, malgré la mise en perspective qui souligne l'évolution d'un caractère en fonction du vécu pendant sa vie.

Tableau des éléments récurrents
dans les sept romans

	1 Ecole sorciers	2 Chambre	3 Azkaban	4 Coupe de feu	5 Phénix	6 Prince	7 Reliques
Chapitres	17	18	22	37	38	30	36, Epilogue
Nombre de pages (EN)	223	251	317	636	766	607	607
Introduction	1 chapitre	---	---	1 chapitre	---	2 chapitres	1 chapitre
Vacances d'été	4 chapitres	4 chapitres	4 chapitres	9 chapitres	9 chapitres	4 chapitres	1 0 chapitres
Voyage à Poudlard	1 chapitre	1 chapitre	1 chapitre	1 chapitre	1 chapitre	1 chapitre	---
Quidditch	Oui	Oui	Oui, 3 jeux	Pendant les vacances d'été	Oui	Oui	---
Monstres	Chien à 3 têtes, dragon, licorne	Basilic, araignées géantes	Diverses bêtes en classe, détra- queurs	Scroults à pétard, dragons, sphinx, araignée géante	Duxies, sombrals, détraqueurs	Inferi	Serpent, dragon, araignées géantes, détraqueurs
Etres magiques	Centaures, troll	elfe de maison		sirènes, elfes de maison	Elfes de maison, géant, centaures	Elfes de maison	Géants, elfes de maison, centaures
Halloween	1 chapitre	1 chapitre	Oui	Oui	Non	Non	Non
Noël	1 chapitre	Oui	Oui	2 chapitres	2 chapitres	1 chapitre	Oui (Godrics Hollow)
Aventure principale	1,5 chapitres	2 chapitres	5 chapitres	4 chapitres	5 chapitres	3 chapitres	8,5 chapitres
Après l'aventure	0,5 chapitre	1 chapitre	1 chapitre	2 chapitres	2 chapitres	2 chapitres	1,5 chapitres

Bibliographie

Œuvres

Harry Potter and the Philosopher's Stone. Bloomsbury, 1997, 223 p.
Harry Potter and the Chamber of Secrets. Bloomsbury, 1998, 251 p.
Harry Potter and the Prisoner of Azkaban. Bloomsbury, 1999,317 p.
Harry Potter and the Goblet of Fire. Bloomsbury. 2000, 636 p.
Harry Potter and the Order of the Phoenix, Bloomsbury, 2003,766 p.
Harry Potter and the Half-Blood Prince. Bloomsbury. 2005, 607 p.
Harry Potter and the Deathly Hallows, Bloomsbury. 2007, 607 p.
Harry Potter and the Cursed Child, Pottermore, 2016 (digital edition)
Fantastic Beasts & Where to Find Them. Newt Scamander. Scolastic inc. 2001, 42 p.
Quidditch through the Ages. Kennilworthy Whisp. Scolastic inc. 2001, 56 p.
The Tales of Beedle the Bard. Bloomsbury, Loumos, 2007, 108 p.
Online Interview http://www.the-leaky-cauldron.org/2007/7/30/j-k-rowling-web-chat-transcript (konsultiert 29.1.2013)

Traductions

Harry Potter à l'école des sorciers. Gallimard Jeunesse - Folio Junior 899, 2001. 305 p.
Harry Potter et la chambre des secrets. Gallimard Jeunesse - Folio Junior 961, 2001. 361 p.
Harry Potter et le prisonnier d'Azkaban. Gallimard Jeunesse - Folio Junior 1006, 2001. 465 p.
Harry Potter et la coupe de feu. Gallimard Jeunesse - Folio Junior 1173, 2001. 768 p.
Harry Potter et l'Ordre du Phénix. Gallimard, 2003. 976 p.
Harry Potter et le prince de sang-mêlé. Gallimard, 2005. 715 p.
Harry Potter et les reliques de la Mort. Gallimard, 2007. 810 p.

Littérature secondaire

Bruckner, Pascal: La tentation de l'innocence. Paris, Grasset, 1995. 307 p.
Colbert, David: The magical worlds of Harry Potter. Updated and complete. Berkeley trade paperback ed. 2008, 335 p.
Glaser, Hermann, Jakob Lehmann, Arno Lubos: Wege der deutschen Literatur. Eine geschichtliche Darstellung. Frankfurt a.M. Ullstein, 1989
Heiligenlexikon.de - http://www.heiligenlexikon.de

Imhof, Beat: Weihnacht- Nacht der Einweihung. IN: Wegbegleiter, Nov./ Dez. 1999, Nr 6, IV. Jg, S. 402 ff. (online: http://www.wegbegleiter.ch/ wegbeg/imhoweih.htm, konsultiert 11.9.13)

Jung, Carl Gustav: Archetypen. 11. Aufl. München, Deutscher Taschenbuch Verlag, 2004

Prieger, Almut: Das Werk Enid Blytons. Frankfurt a. M., Dipa, 1982

Schiller, Friedrich: Vom Pathetischen und Erhabenen. Stuttgart: Reclam, 1970

Schmidt, Kerstin: Literaturwissenschaftliche und didaktische Aspekte phantastischer Literatur am Beispiel: "Harry Potter und der Stein der Weisen". (Examensarbeit). 1. Aufl. Books on Demand, 2007 ISBN 978-3-638-87739-3

Schmitt, Axel: Zwischen Macht und Liebe - ein Rückblick auf Harry Potter, 2007 - http://www.k-l-j.de/Potter7.htm (konsultiert 10.2.2013)

Schopenhauer, Arthur: Die Welt als Wille und Vorstellung - Band 2. Frankfurt a.M. Suhrkamp, 1986, 925 S.

Sofsky, Wolfgang: Traité de la violence, Gallimard, 1998, 214 p. webjournals.ac.edu.au/journals/GN/ - http://webjournals.ac.edu.au/ journals/GN/gn-vol25-no2-feb-1934/13-last-enemy-shall-be-destroyed-death-condolence-/ (konsultiert 12.2.13)

Wilton, Dave: Old English in LoTR http://www.wordorigins.org/ index.php/more/880/ (konsultiert 29.01.2013)

Remerciements

Un grand merci aux enfants de Ruth qui m'ont prêté l'édition allemande de Harry Potter. Ruth a également lu tout le manuscrit et ne l'a pas reposé après quelques pages. D'où j'ai tiré la conclusion que mon texte n'est pas totalement incompréhensible ni ennuyeux.

Je remercie particulièrement mon père qui a relu le texte allemand deux fois. Non seulement il a fait la chasse aux erreurs de ponctuation, il a également signalé les passages qui manquaient de clarté ou étaient incompréhensibles. Pourtant il n'a jamais lu les livres !

Je remercie mon amie Pascale Fecci-Rose pour sa relecture de la version française et aussi les contributeurs du portail Harry Potter de la Wikipédia en français dont le travail m'a permis de trouver facilement les noms français et leurs équivalents dans l'original anglais. En effet, je n'ai jamais lu la version française de la série.

NOTES

1 Je suis l'analyse d'Almut Prieger: *Das Werk Enid Blytons*. Frankfurt a. M., Dipa, 1982

2 Prieger op. cit. S. 204 -*„Dissonanzreduktion .... zum ersten, die Illusion des 'Realen', 'Verläßlichkeit' herzustellen. Dies gelingt trotz irrealer Lebensumstände in der Fiktion über das Medium vertrauter rigider Verhaltensanforderungen. Diese scheinen von jungen Lesern sehr wohl vermerkt und akzeptiert zu werden. Desweiteren bietet Blyton ihren mit weitgehender Einflußlosigkeit und unsicheren Zukunftsperspektiven konfrontierten Lesern den Bereich verstärkt an, in dem Aktivität und Verhalten direkte Auswirkung zeigt: die Ebene persönlicher Auseinandersetzungen. Daß sie keine weiterreichenden Perspektiven aufzeigt, legitimiert Blyton mit einer Idealisierung des Jugendalters, dessen Status als Interim hin zum Erwachsensein somit geleugnet wird."*

3 Test de sorcellerie méchamment épuisant

4 vol 5, p. 278

5 Malory School, six volumes parus en français entre 1971 et 1975 chez Hachette

6 vol 5, p. 292

7 vol 5, p. 809-810

8 vol 5, p. 816-817

9 vol 6, p. 589

10 vol 6, p. 694

11 vol 7, p. 612

12 Cracmol en anglais Squib. Squib est en anglais un pétard, mais aussi un court écrit satirique. Le verbe désigne un mouvement rapide. Le mot vient peut-être de l'ancien haut allemand *sweifan*. (Websters dictionnary, 1966) - squib load étant un explosif qui eclate dans le canon.

13 Vol 7, p. 282

14 Vol 3, p. 54

15 Vol 2, p. 26

16 Vol 5, p. 36 ff

17 Vol 6, chapitre « L'autre ministre »

18 Vol 5, p. 545-547et 569

19 Vol 6, p. 27

20 Vol 3, p. 82

21 Vol 4, p. 101

22 Vol 7, p. 265-266

23 Vol 5 p. 150-151 et 156-157

24 Vol 3, p. 374

25 Vol 7, p. 354 citation de la Bible : 1 Corinthiens 15:26

26 Vol 7, p. 351 citation de la Bible : Matthieu 6:21 habituellement « Là où est ton trésor, là aussi sera ton cœur. »

27 Axel Schmitt: Zwischen Macht und Liebe - ein Rückblick auf Harry Potter, 2007 - http://www.k-l-j.de/Potter7.htm (consulté 10.2.2013)

28 par exemple 1935 http://webjournals.ac.edu.au/journals/GN/gn-vol25-no2-feb-1934/13-last-enemy-shall-be-destroyed-death-condolence-/ (consulté le 12.2.13)

29 Vol 2, p. 251-253

30 Vol 1, p. 198

31 Vol 3, p. 60 et Vol 5, p. 399

32 Vol 1, p. 152-154

33 Vol 3 et 5

34 Vol 1, p. 187

35 Vol 1, p. 168

36 comme Malfoy dans Vol 3 p. 332

37 Quidditch throughout the ages

38 voir par exemple la publicité pour le Firebolt, Vol 3, p61-62

39 Vol 5, p. 263 « Depuis toujours ou simplement parce qu'ils sont en tête du championnat? reprit Ron d'un ton que Harry jugea inutilement accusateur. »

40 Thompson, C. J. S.: *Poison Mysteries in History, Romance and Crime*t, New York: J.B. Lippincot, 1924, p.61-62

41 cité d'après: fr.Wikipédia.org Artikel „Bezoard" (consulté le 1er. juillet 2013)

42 Vol 6, p. 340-341

43 Vol 5 chapitre « *Le pire souvenir de Rogue* » et. Vol 6, p. 266-269

44 Vol 3, p. 123

45 Vol 5, p. 943

46 Vol 5, p. 542

47 Vol 3, p. 346

48 Vol 3, p. 247 « Je me comporte souvent comme si je n'avais pas le Troisième Œil pour ne pas mettre les autres mal à l'aise. » - Vol 5,p. 358 en s'adressant à Ombrage « Le troisième œil ne voit pas sur commande ! » - Vol 6, p. 596 « Mon troisième œil [...] était concentré sur des sujets bien éloignés du monde bassement matériel où retentissent les cris de joie. »

49 Vol 5, p. 944

50 Vol 1, p. 253

51 Vol 5, p. 674-676

52 Vol 7 p. 777

53 Vol 5, p. 675-676

54 Vol 1, p. 290

55 Vol 1, p. 217-218

56 Vol 6, p. 553

57 Vol 7 p. 436-439

58 Vol 7, p. 765

59 Vol 7, p. 487

60 Vol 7, p. 375-376

61 Vol 7, p. 799

62 Vol 7 Chapitre « *King's Cross* »

63 Vol 7, p. 771

64 Arthur Schopenhauer: *Die Welt als Wille und Vorstellung*. „Ja schon die starre Unveränderlichkeit und wesentliche Beschränkung jeder Individualität als solcher müßte, bei einer endlosen Fortdauer derselben endlich durch ihre Monotonie einen so großen Überdruß erzeugen, daß man, um ihrer nur entledigt zu sein, lieber zu nichts wurde. Unsterblichkeit der Individualität verlangen heißt eigentlich einen Irrtum ins Unendliche perpetuieren wollen." Bd 2, S. 628

65 Vol 1, p. 211

66 voir aussi: Sebastian Dieguez: „La lumière sur *l'Homme invisible*". IN Cerveau & Psycho no 55, janvier-février 2013, p.80-86

67 Vol 6, chapitre *Horcruxes* et vol 7, p. 115-118

68 David Colbert p. 277-280

69 C.G. Jung Zur Psychologie des Kinderarchetypus S. S119 „*Es ist nun ein psychologischer Grundsatz, dass ein vom Bewußtsein abgespaltenes Seelenteil nur scheinbar inaktiviert wird, in Wirklichkeit aber zu einer Besessenheit der Persönlichkeit führt, wodurch deren Zielsetzung im Sinne des abgespaltenen Seelenteiles verfälscht wird. Wenn also der kindhafte Zustand der Kollektivseele bis zur gänzlichen Ausschließung verdrängt wird, so bemächtigt sich der unbewußte Inhalt der bewußten Zielsetzung, wodurch deren Verwirklichung gehemmt, verfälscht oder geradezu zerstört wird. Ein lebensfähiger Fortschritt aber kommt nur zustande durch die Kooperation beider.*"

70 Boris Cyrulnik : *Autobiographie d'un épouvantail* , Odile Jacob 2008. p. 24

71 Vol 5, p. 966

72 http://www.accio-quote.org/articles/2000/fall00-etoys.html (consulté le 28/6/2013)

73 p.ex. Crabbe et Goyle la sixième année Vol 6, p. 360

74 Vol 1, p. 112 traduction personelle (trad. officielle : « Fais bien attention à qui tu fréquentes, Potter. Si tu veux éviter les gens douteux, ... » Texte original (vol. 1 p. 81) 'You'll soon find out some wizarding families are much better than others, Potter. You don't want to go making friends with the wrong sort.'

75 Vol 1, p. 128

76 Vol 6, p. 216

77 Vol 5, p. 664

78 Ce que Harry voit dans la Pensine : Vol 5, p. 717-728

79 Vol 5, p. 726

80 Vol 7, p. 721

81 « *Mais, d'un autre côté, le Prince s'était révélé jusqu'à présent un professeur beaucoup plus efficace que Rogue* » Vol 6, p. 266

82 Vol 6, p. 663

83 Vol 6, p. 663

84 Vol 6, p. 493

85 Vol 7, p. 637

86 Vol 1, p. 138

87 Vol 7, p. 730

88 Vol 6, p. 654

89 Vol 6, p. 362

90 Vol 7, p. 700

91 Bedingungen der Tragödie nach Schiller: „Erstlich muß der Gegenstand unsers Mitleids zu unsrer Gattung im ganzen Sinn dieses Worts gehören und die Handlung, an der wir teilnehmen sollen, eine moralische, d.i. unter dem Gebiet der Freiheit begriffen sein. Zweitens muß uns das Leiden, seine Quellen und seine Grade, in einer Folge verknüpfter Begebenheiten vollständig mitgeteilt und zwar drittens sinnlich vergegenwärtigt, nicht mittelbar durch Beschreibung, sondern unmittelbar durch Handlung dargestellt werden." Friedrich Schiller: *Über die tragische Kunst*. IN Vom Pathetischen und Erhabenen. Reclam S. 47-48

92 Marie Louise von Franz: L'interprétation des contes de fées. (Original The interpretation of fairy tales) Fontaine de Pierre-Dervy Livres, 3e éd. 1987, p. 178

93 Vol 1, p. 13

94 Vol 1, p. 125

95 Vol 4, p. 200

96 Vol 6, p. 398

97 Vol 1, p. 211-212

98 p.ex. Vol 6, p. 401 « *Là encore se manifestait la tendance de Dumbledore à accorder sa confiance aux gens, même quand des preuves accablantes démontraient qu'ils ne la méritaient pas.* »

99 Vol 7, p. 601

100 Inferi un mot latin signifiant « les dieux des enfers » ou « les morts ». - Vol 6, Inferi d'après Dumbledore (p. 73): « *Ce sont des cadavres […]Des morts ensorcelés par un mage noir pour lui obéir.* » Rogue (p. 508): « *Il* [l' Inferius] *n'est pas vivant, c'est une simple marionnette qui obéit à la volonté du sorcier. Un fantôme* [...] est l'empreinte qu'un défunt a laissée sur la terre. »

101 Vol 7, p. 339

102 Vol 5, p. 928

103 Vol 6, p. 112-114

104 Vol 7, p. 734

105 Marvolo = Marvel, Marvella du frç miracle http://babynames.net plus dem Lateinischen volo (vouloir)

106 Vol 2 (anglais), p. 231 'Voldemort,' said Riddle softly, 'is my past, present and future, Harry Potter ...' [...] TOM MARVOLO RIDDLE ... the letters of his name rearranged themselves: I AM LORD VOLDEMORT

107 Vol. 2, p. 329

108 Kerstin Schmidt (nach Confere) in: Literaturwissenschaftliche und didaktische Aspekte phantastischer Literatur am Beispiel: "Harry Potter und der Stein der Weisen". S. 59 (Examensarbeit). 1. Aufl. Books on Demand, 2007 ISBN 978-3-638-87739-3

109 Vol 7 p. 72

110 Colbert p. 249

111 Vol 1, p. 291

112 Vol 7, p. 296-297

113 Vol 7, p. 418

114 Mordor, suivant l'assonance du vieil anglais morðor (assassinat) voir Dave Wilton: Old English in LoTR http://www.wordorigins.org/index.php/more/880/ (consulté 29/01/2013)

115 J. Dubois, H. Mitterand, A. Dauzat: Dictionnaire d'Etymologie. Larousse, 2001

116 Vol 7, p. 788,, »*Vous n'avez rien appris de vos erreurs, Jedusor, n'est-ce pas?* »

117 Vol 7 p. 781

118 Vol 6, p. 411

119 Vol 6, p. 541

120 Vol 7, p. 116

121 Vol 6, p. 551

122 Vol 2, p. 246

123 Vol 7, p. 118

124 Wolfgang Sofsky : « *l'homme tue pour survivre à l'autre,* » In « Traité de la violence ».

125 Vol 4, p. 668 *« Tue l'autre »*

126 http://www.heiligenlexikon.de/index.htm?Glossar/Zahlenmystik.htm (consulté le 30/10/2003)

127 Vol 6, p. 548

128 Vol 6, p. 557 « Il semble avoir réservé à la création de ses Horcruxes des victimes dont la mort avait une signification particulière. Tu aurais certainement été l'une d'elles. » (Dumbledore à Harry)

129 Même si Dumbledore dit que la mort du Moldu Franke Bryce était la source (Vol 6, p. 557). Rowling confirme Berta Jorkins dans un Interview du 30/7/2007: „Lady Bella: Whose murders did Voldemort use to create each of the horcruxes

J.K. Rowling: The diary – Moaning Myrtle. The cup – Hepzibah Smith, the previous owner. The locket – a Muggle tramp. Nagini – Bertha Jorkins (Voldemort could use a wand once he regained a rudimentary body, as long as the victim was subdued). The diadem – an Albanian peasant. The ring – Tom Riddle snr." http://www.the-leaky-cauldron.org/2007/7/30/j-k-rowling-web-chat-transcript (consulté le 19/8/2013)

130 Ibid.

131 Vol 6, p. 557(Dumbledore) « *..confier une partie de son âme à un être capable de penser et de se déplacer par lui-même présente bien évidemment un grand risque.* »

132 Vol 5, p. 521

133 Vol 7, p. 365

134 Vol 7, p. 587

135 Vol 7, p. 371-372

136 Vol 6, p. 423 « De l'Horcruxe, la plus vile de toutes les inventions magiques, nous ne dirons mot ni n'enseignerons la pratique… »

137 Vol 5, les rêves du département des mystères

138 Vol 1, p. 290 « Après tout, pour un esprit équilibré, la mort n'est qu'une grande aventure de plus. »

139 Vol 7, p. 794

140 Arthur Schopenhauer: *Die Welt als Wille und Vorstellung.* Bd 2 S. 622-623 *„Denn als unvergänglich kann ein vernünftiger Mensch sich nur denken, sofern er sich als anfangslos, als ewig, eigentlich als zeitlos denkt. Wer hingegen sich für aus nichts geworden hält, muß auch denken, daß er wieder zu nichts wird [...] Wer aber die Geburt des Menschen für dessen absoluten Anfang hält, dem muß der Tod das absolute Ende desselben sein."*

141 Vol 6, chapitre « *L'impasse du Tisseur* »

142 C.G. Jung : *Archetypen.* 11. Aufl. München, Deutscher Taschenbuch Verl. 2004, S. 8

143 C.G. Jung ibd S. 116 *„Man darf sich keinen Augenblick der Illusion hingeben, ein Archetypus könne schließlich erklärt und damit erledigt werden. Auch der beste Erklärungsversuch ist nichts anderes als eine mehr oder weniger geglückte Übersetzung in eine andere Bildsprache. (Sprache ist ja nichts anderes als Bild!)"*

144 C.G. Jung ibd S. 122

145 Vol 1, p. 64

146 Vol 1, p. 30

147 Vol 7, p. 715

148 Vol 1, p. 37 et Vol 2, p. 10

149 Vol 1, p.29

150 Vol 1, p. 89 et. Vol 4, p. 727

151 Vol 1, p. 100

152 Vol 6, p. 347

153 Vol 1, p. 241-242

154 Vol 1, chapitre « *Duel à minuit* »

155 Vol 1, chapitre « *Halloween* »

156 Vol 6, p. 346

157 voir Vol 5, p. 455

158 Vol 7, p. 403-405

159 Vol 5, p. 341

160 par ex.: Vol 5, p. 254 et p. 270

161 Vol 2, p. 157

162 Vol 4, p. 308

163 Vol 5, chapitre « *Retenue douloureuse avec Dolores* » p. 308 ff

164 par ex. Vol 7, p. 241 « Les cicatrices de sa main droite semblaient le picoter à nouveau. »

165 Vol 3, p. 400

166 Vol 3, p. 365

167 Vol 4, p. 231

168 Vol 5, p. 910

169 Vol 6, p. 575

170 Vol 6, p. 661

171 Vol 7, p. 634

172 Vol 4, chapitre « *La troisième tâche* »

173 Vol 7, p. 502

174 Vol 5, p. 917

175 Vol 7, p. 81

176 Pascal Bruckner: La tentation de l'innocence. Essai. Grasset, 1995, p. 244

177 Vol 5, p. 106 et 748

178 Vol 5, p. 347

179 Vol 6, p. 713

180 Beat Imhof: Weihnacht- Nacht der Einweihung. http://www.wegbegleiter.ch/wegbeg/imhoweih.htm, consulté 11/9/13) „Den drei Tagen des Dunkelmondes entsprach in den Einweihungsmysterien der Ägypter und Griechen jene Zeitdauer, in der die Kandidaten in einem dunklen Raum völlig auf sich selbst gestellt und schlimmen Gefahren und Versuchungen ausgesetzt verbringen mussten."

181 Vol 7, p. 463-464

182 Vol 7, p. 460

183 Vol 7, p. 466 citation de la Bible 1 Corinthiens 15:26

184 Vol 7, p. 607

185 Vol 5, p. 944

186 Vol 7, p. 738

187 Vol 1, p. 31

188 Vol 7, p. 54

189 Vol 1, p. 132

190 Vol 2, p. 28 'sorcier de premier cycle', en anglais 'underaged wizard' ce qui se traduit par sorcier mineur.

191 Vol 5, p. 526

192 Vol 6, p. 41

193 Vol 3, p. 286

194 Vol 3, p. 324

195 Vol 4, p. 517

196 Vol 4, 1er chapitre « *La maison des Jeux du Sort* »

197 Vol 4, chapitre « *Le rêve* » en particulier p. 606-607

198 Vol 5, p. 17

199 Vol 5, p. 557

200 Vol 5, p. 816-817

201 Vol 5, p. 877

202 Vol 6, p. 322

203 Vol 6, p. 375

204 Vol 6, p. 503

205 Vol 6, p. 697

206 Vol 7, p. 390

207 Vol 7, p. 744

208 Vol 2, p. 227

209 Vol 2, p. 259

210 Vol 2, p. 248-249

211 Vol 6, p. 588

212 Vol 2, p. 245

213 Vol 2, p. 324

214 Vol 1, p. 128

215 Vol 5, p. 512

216 Vol 7, p. 782

217 Vol 6, p. 650

218 Vol 7, p. 673

219 Vol 7, p. 806